La Mafia Legale

Come i Servizi di Protezione dell'infanzia Rapiscono e Vendono i Bambini

Da
Mina Ghiate

Tutto è reale in questo libro

DEDIZIONE

Ad ogni bambino
e famiglia,
vittima del sistema
corrotto.

CAPITOLI

INTRODUZIONE

Eccomi, ancora una volta, di nuovo sulla scena dell'oscurità. Sono esausta di vivere sotto tutte le forme di oppressione. Io e le mie figlie soffriamo ancora di errori giudiziari e privazioni.

Siamo trattati ingiustamente e brutalmente. Siamo sottoposti a torture e umiliazioni. E ci è impedito di ottenere i nostri diritti. Come risultato di questo processo di disumanizzazione, siamo annoverati tra gli dimenticati, gli emarginati e gli disprezzati. Ogni volta che chiediamo giustizia, ci colpisce il danno per colpa grave e palese disprezzo da parte delle autorità italiane. Le nostre voci non si sentono MAI!

E così sono con la mia dolorosa tragedia! È una tragedia i cui eventi sono scritti con un'ondata di dolore, tormento e senso di inferiorità. È la storia di una donna che ha portato i suoi sogni e le sue aspirazioni in un altro paese alla ricerca di una vita migliore. Solo per scoprire che sono andato all'inferno assoluto che ha cambiato la mia vita e quella delle mie figlie.

Le mie due adorate ragazze mi sono state sottratte con la forza dai servizi sociali e dal tribunale per i minorenni di Bologna. Hanno usato l'inganno al solo scopo di rapire e trafficare a proprio profitto.
Nel caso degli assistenti sociali, il loro potere è assoluto e viene loro concesso di rapire i bambini e accusare ingiustamente i genitori. Possono entrare in casa tua senza alcun mandato e rimuovere con la forza i tuoi figli senza dare causa o motivo. La stragrande maggioranza dei casi in

cui le famiglie hanno perso i propri figli non ha fatto assolutamente nulla di male.

Per giustificare il loro rapimento, gli assistenti sociali ti accuserebbero di abusare dei tuoi figli e verresti incarcerato illegalmente. Ogni anno, molti buoni genitori si sentono colpevoli fino a prova contraria.

La maggior parte delle persone si sente al sicuro perché pensa che il sistema sia lì per proteggerle dai "malvagi". Questa convinzione è irrealistica e pericolosa. È un mostro insidioso che può e fa preda degli innocenti, dei vulnerabili e dei normali cittadini rispettosi della legge del paese italiano.

Ti aspetteresti mai che una banda di delinquenti si preoccupi delle proprie vittime? Pensi che un'autorità criminale si prenderebbe mai cura di te? Ti fidi della mafia per tenerti al sicuro? Se hai risposto no a queste domande, perché mai ti aspetteresti che il governo si preoccupi di te? Non sei un cliente del governo, non sei un cittadino che rappresentano, né sei una persona che si preoccupano di aiutare. Sei la loro vittima e desiderano sfruttarti, svalutarti e privarti di ciò che ti sta a cuore!

Ingiustizia, corruzione, crudeltà e crimini si verificano in molte aule giudiziarie italiane e in bella vista. Il mondo dei tribunali minorili, dei giudici, degli assistenti sociali e dei loro dipendenti, spaventoso oltre ogni immaginazione, è un mondo con molti eventi che superano le storie dell'orrore. Gli eventi riflettono notevolmente un sistema malato che decide il destino di intere famiglie e il futuro di molti bambini.

Approfittando della loro posizione di potere, sono in grado di mantenere facilmente l'illusione di rappresentare l'interesse dei bambini, quando possiamo discernere empiricamente che invece rappresentano se stessi. Più fondi ricevono, più vengono commessi i loro crimini contro le nostre famiglie.

Il minore è diventato un facile morso tra le zanne di lupi umani che conniventi per facilitare il commercio di migliaia di bambini. Maltrattano brutalmente i più innocenti. Questa mafia legale, finanziata dalla gente di questa nazione, gestisce un GRANDE BUSINESS che vale cinque miliardi di euro ogni anno.

Se il governo dà più ricompense solo perché più bambini vengono rimossi dalle loro famiglie, allora lo stato non ha alcuno scopo significativo se non quello di saziare i desideri degli individui che raccolgono i benefici della distruzione delle famiglie.

Il finanziamento continua finché il bambino è fuori casa. Quando un bambino in affidamento viene affidato a una nuova famiglia o in un istituto, sono disponibili fondi bonus. La parte giudiziaria ottiene più finanziamenti gestendo più casi. Non ci sono soldi da guadagnare facendo il bene, l'etico e la morale. I giudici minori e familiari non ammettono azioni erranti. Non preservano il diritto del bambino e del genitore, né cercano di fare il diritto al ricongiungimento familiare.

Per la tua sicurezza e quella dei tuoi cari, è necessario sapere come funziona il sistema, le sue capacità e motivazioni, e come proteggerti dal cadere vittima.
Questo libro discuterà prove derivate da fonti reali su come esiste un mercato redditizio del governo e su come i bambini italiani e stranieri vengono rapiti e venduti a sexy shop, omosessuali, e persone con gravi problemi di salute

mentale che abusano queste innocenti emotivamente, fisicamente, e sessualmente.

Rivelerò in vividi dettagli come gli atti atroci e disumani del traffico di bambini vengono commessi in modo che possano essere portati alla luce.

Come autrice del libro, mi sono distinta come qualcuno che ha preso il controllo e ha indirizzato la sua energia in una lotta per la giustizia. E mentre scrivo dal profondo del mio cuore, voglio che si sentano le voci degli angeli che ancora piangono per la libertà e l'amore. I bambini poveri terrorizzati che sono diventati orfani all'improvviso anche se i loro genitori sono vivi. Vengono ignorati, abusati e sfruttati senza la loro percezione o desiderio, ma con dolore e afflizione.

Questo libro è una rabbia contro gli abusi sui minori e gli abusi sui famiglie. Riguarda la lotta che raccolgo, il sistema straziante delle adozioni illegali e l'ingiustizia giudiziaria italiana. L'attività a lungo nascosta dei minori e l'infanzia rubata sconvolgeranno e faranno arrabbiare chiunque voglia affrontare la verità sull'oscuro e sordido rapimento legale italiano.

CAPITOLO PRIMO

LO SCIOCCANTE RAPIMENTO DELLE MIE FIGLIE

Dopo il divorzio con il mio primo marito, il padre delle mie figlie , ho viaggiato in Italia e mi sono risposata con un cittadino italiano nella provincia di Reggio Emilia, nord Italia. Ho portato le mie figlie con me nel 2006 quando avevano 8 e 5 anni. La vita era serena all'inizio, ma presto il marito l'ha trasformata in un vero incubo. È diventato violento e ha picchiato le mie due bambine. Poiché temevo per la loro sicurezza, mi sono rivolto ai servizi sociali locali per assistenza.

Dopo che io e le mie bambine siamo stati portati al pronto soccorso per le visite mediche, i medici hanno riscontrato lievi lividi nei miei figli. E siccome sono molto precisi, hanno anche esaminato le parti intime dei miei figlie.

Quindi, la cartella clinica ha confermato che "le parti genitali di entrambe le ragazze sono intatte" e non hanno mai subito violenze sessuali; nessuno ha voluto tenerlo in considerazione, il che porterebbe ingiustamente a un incubo senza fine, lo spiegherò .

Ad ogni modo, dopo che le visite mediche erano state completate, io e le mie figlie siamo stati ospitati per alcuni giorni in una comunità. Improvvisamente si sono presentati gli assistenti sociali e i poliziotti che hanno portato via le mie figlie; mia figlia maggiore è stata affidata a una famiglia affidataria e mia figlia minore è stata affidata all'istituto affidatario denominato "Cenacolo Francescano", a Reggio Emilia.

Tenendo presente che questo spostamento è stato seguito da un'adozione illegale. Sembrava essere tutto ciò che gli assistenti sociali volevano: è un "rapimento legale." Non avrei mai immaginato che loro potessero essere le persone più spregevoli. Fanno finta di proteggere i bambini mentre li abusano.

Abbiamo sperimentato comportamenti duri da parte di assistenti sociali, educatori, giudici, terapisti e altri come quelli che "raccolgono" i bambini. Siamo stati guidati alla distruzione. Le parole non possono descrivere la nostra esperienza devastante!

Immaginavo ingenuamente che gli assistenti sociali mi avrebbero aiutato. Non sapevo la verità su di loro e sui giudici minorili che svolgono affari di corruzione sulla pelle dei bambini. Anni di tormenti, banali e camuffati decreti emessi dal tribunale dei minorenni avevano lo scopo solo di far passare il tempo.

Le mie figlie sono stati strappati a tutti ea tutto ciò che era loro caro. Hanno subito orribili abusi fisici e psicologici da parte dei servizi di protezione dell'infanzia. E furono sequestrati e venduti dal tribunale dei minorenni di Bologna città. Ora sono adulti ma non sono ancora tornati da me.

Ho fatto ricorso ai servizi sociali locali per un aiuto temporaneo. Ma invece di ricevere assistenza e sostegno, sono stata gravemente privata delle mie amate bambine e falsamente accusata di averle abusate.

Modo barbaro per rapire le mie figlie

Il rapimento delle mie figlie è ancora scolpito nella mia memoria da quel triste giorno. Ogni giorno che passa mi sento come se le mie figlie mi venissero strappate da ogni momento, e il mio cuore brucia ad ogni strappato.

Hanno trascinato le mie bambine come se avessero condotto un condannato a morte. Poliziotti e assistenti sociali si sono avventati sulle mie figlie, proprio come un lupo quando si avventa sulla sua preda. Hanno rubato brutalmente le mie bambine che mi stavano aggrappando con tutte le loro forze.

Erano terrorizzati, piangevano, gridavano aiuto e supplicavano con bruciore di stomaco e dolore: "Non lasciarci mamma... ti vogliamo bene... ci uccideranno".

Le loro grida mi stavano strappando il cuore, stavo facendo del mio meglio per riportarmele da me, ma gli assistenti sociali mi respingevano costantemente e uno dei poliziotti mi torse il braccio con tale forza che quasi si ruppe. Un'ondata di orrore fluì in me; stavo per soccombere alla morte.

Tre poliziotti e due assistenti sociali hanno spinto le mie bambine in macchina controvoglia. Sono rimasti permanentemente traumatizzati e hanno subito un doppio shock; l'orrore del comportamento violento e disumano da un lato, e l'improvvisa separazione da me dall'altro.

Sono rimasta gravemente traumatizzata che non riesco a riprendermi. Mi sentivo trascinata dalla corrente in un oceano oscuro mentre l'oscurità mi soffocava, gridavo di tristezza: "Lascia in pace me e le mie figliee", ma le grida erano inascoltate.

Sono rimasta senza speranza, impaurito, solo a soffrire ondate di perdita infinita. I mostri hanno spezzato le mie figlie senza pietà né pietà. Mi hanno strappato l'anima e non ho più desiderato vivere. Mi sento come se fossi in prigione. Le nostre anime vengono giustiziate e la nostra felicità è rovinata.

Come si può essere così crudeli con le persone deboli?

Cosa c'è dietro le misure urgenti se non aiutano nessuno?

La storia dell'allontanamento forzato e ingiustificato dei miei figlie mi fa profondamente pentire di aver avuto fiducia negli assistenti sociali travestiti. Sono stato ingannato quando ho pensato che servissero i cittadini. In effetti, sono crudeli e morti dentro. Uccidono persone innocenti e ballano sui loro cadaveri!

I servizi di protezione sociale, in Italia, non sono più per la tutela dei minori. Stanno solo cercando di nascondersi dietro quello. È pura ipocrisia. Non immaginavo che il lavoro sociale potesse essere degradato e privo di valore.

Ero ingenuo come molti altri genitori che sono rimasti intrappolati a causa della loro ingenuità e fiducia. Sono volontariamente spinti a restrizioni e controlli che uccidono le anime dei bambini e frenano i sentimenti dei genitori.

Così divennero attaccati alla cieca giustizia che porta alla distruzione. Solo per rimanere maltrattati e feriti dalla tirannia di questi tribunali finanziati dal governo locale mentre i giudici, gli assistenti sociali e i loro psicologi deridono i genitori indignati.

Quando ho chiesto aiuto agli assistenti sociali, hanno finto di aiutare. Ma è stato tutto un tradimento rapire le mie figlie. Il nocciolo della domanda è: Come mai il cittadino che chiede aiuto si ritrova improvvisamente senza figli?!

Ho chiesto aiuto in un momento di difficoltà perché volevo rompere con mio marito violento per la sicurezza delle mie figliee. Inaspettatamente, mi sono trovata costretta, senza una vera ragione, a separarmi dale mie figlie che stanno pagando per questo abuso. Questo senso di ingiustizia espresso da me e dalle mie figlie dimostra l'illegalità della situazione.

Il trauma che deriva dalla separazione tra la madre ei figli, di cui le mie figlie hanno dato ampia prova, è un comportamento a dir poco criminale.

Le mie figlie sono stati costretti a vivere in affido inadeguato e adozione con estranei. E quando ho chiesto di trasferirli nella mia nuova casa, la mia voce è rimasta inascoltata. Inoltre, e mi è stato ingiustamente impedito qualsiasi contatto con loro. Ho saltato attraverso ogni cerchio conosciuto dall'uomo per riavere le mie figlie. Ma mi è sempre stato negato, e la mia richiesta è sempre stata trascurata.

La prevalenza della discrezionalità dell'assistente sociale consente l'allontanamento dei bambini sulla base dell'affermazione di "mettere in pericolo il benessere di un bambino" senza fornire dettagli o escogitare un piano di sicurezza per mantenere un bambino con un buon genitore.

Tutti mentono, sta succedendo a tutti e sta succedendo a livello nazionale. I servizi di protezione sociale non funzionano per il benessere dei bambini; li privano in modo schiacciante di buoni genitori.

L'allontanamento delle mie figlie e non è stato necessario perché non li ho abusati e non li ho abbandonati. Allora, perché sono stati rimossi da me? Qual è la vera ragione dietro questo?

Non c'è una vera ragione da parte mia, ma c'è un conflitto di interessi basato su frode, inganno e falsa testimonianza da parte dei servizi di "rapimento" sociale dei minori e dei giudici per i minorenni.

Ho portato le mie figlie dal mio paese a crescere davanti ai miei occhi. Non sono solo parte di me, ma sono anche la mia anima e la mia vita. Portarmi via le mie figlie significa la mia morte.

La loro rimozione non era l'opzione ideale. Molto male è stato fatto ai miei figlie in affido e il forte legame tra me e loro è stato completamente distrutto. Il messaggio che è stato inviato ale mie figlie è stato che li avevo abbandonati. Al contrario, piango ancora la loro perdita che causa letteralmente dolore e traumi per tutta la vita a me e alle mie due figlie.

Il sistema corrotto puniva le mie figlie quando avevano un disperato bisogno di aiuto. Gli assistenti sociali sono stati disonesti con me e hanno travisato le prove. Il fatto che siano immuni dall'accusa anche se presentano prove che sono tutte bugie e calunnie.

Ho avuto problemi in cui un assistente sociale competente e compassionevole avrebbe potuto intervenire per rettificare la situazione. Ma invece di aiutarmi, le mie figlie mi sono stati portati via e trattati in modo orribile.

Andavo al tribunale dei minori per copiare e leggere i rapporti che scrivevano assistenti sociali e psicologi. Ho scoperto che le prove erano sempre distorte e contro le quali non avevo ricorso. Sentivo di non avere speranza e cadevo nella disperazione.

Quando le mie figlie sono venute in questo mondo, le ho amate e ho fatto della mia missione quella di ricoprirle di amore ogni giorno dalla loro nascita. Avevo l'idea che fossero miei e che io fossi loro, e saremmo rimasti insieme per sempre. Non potevo immaginare che un giorno non sarebbero state le mie figlie. Mare profondo di dolori che le parole non possono descrivere!

Rimangono solo quei bei ricordi, che passano davanti ai miei occhi come un film, lacerando il mio cuore una volta e seminando speranza dentro di me ancora una volta. Il mondo è diventato cupo senza di loro.

Mi chiedo ogni giorno: dove sono le mie preziose e amate ragazze? Dove sono le mie rose profumate in cui si incontrano tutti i colori? Dove sono le loro risate innocenti che risuonavano dappertutto? Dove sono i loro meravigliosi, innocenti disegni che appendevo al muro e li facevo sentire che sono orgoglioso di quello che facevano. Ondate di nostalgia trafiggono il mio cuore!

Mi mancano le loro parole: "Mamma ti vogliamo bene. Mamma siamo felici di stare con te". Mi manca che mi parlino di tutto ciò che avevano in mente. Mi manca accompagnarli a comprare regali e giocare insieme nel parco come facevamo una volta. Mi manca chiamarli per nome per mangiare i loro pasti preferiti come una volta.

Mi manca raccontare loro storie prima che dormano felici e come una volta. La mia casa è buia senza di loro, e la mia vita è buia senza di loro. Ferite, fantasie, cicatrici, gemiti e diverse scene di crepacuore che le parole non possono sanare!

Il danno che è stato portato a me e alle mie figlie ha suscitato in noi un profondo senso di ingiustizia. Hanno ucciso le anime e la dignità delle mie figliee. Le miei figlie volavano con gioia e teneri sorrisi gentili in mia presenza. Non sapevano che qualcuno avrebbe potuto sorprenderli con situazioni che avrebbero pugnalato i loro cuori.

Noi genitori non possiamo superare il fatto che queste maledette istituzioni rubano i nostri amati figli e li vendono per denaro. Sono esplosioni schiaccianti nelle nostre case che bruciano le nostre famiglie ei nostri bambini. È caos e tradimento nelle istituzioni governative italiane.

Le esplosioni della sua guerra fredda risuonano nelle nostre case e rovinano la loro pace e stabilità. I nostri figli diventano vittime di questa guerra morti ma vivi. Queste istituzioni governative criminali perseguono e distruggono persone innocenti ogni giorno e ovunque in Italia.

Giorno dopo giorno passa e queste istituzioni continuano a fare quello che sembra un mimetismo per le famiglie; li affogano in sogni inventati fino alla stanchezza e all'improvviso li gettano in una guerra di nervi e esaurimento dei sentimenti.

Ci sono solo false promesse e decreti che sono stati trasformati in strumenti per uccisioni di massa che soffocano le menti; più aumenta la resistenza delle vittime, più questi criminali rilasciano false notizie e accuse diffamatorie. E sotto lo slogan di protezione e sicurezza, uccidono genitori e bambini con disegni illusori e letali sessioni di psicoterapia.

Questa guerra non dovrebbe essere trascurata dai genitori per un momento. È importante più di ogni altra cosa proteggere i bambini da questo attuale sistema infernale in cui le nostre speranze e la nostra esistenza sono bruciate. Tutte le famiglie devono essere consapevoli del fatto che ci sono assistenti sociali che sono disonesti nella misura in cui sono disposti a mettere a rischio le persone.

Il minore ha diritto a vivere nella propria famiglia

Lo scopo dell'istituto di accoglienza eterofamiliare non è, tuttavia, quello di fornire "figli" alle coppie senza figli o ai single, né di dare uno stipendio "garantito" a chi vuole trarre profitto approfittando delle disgrazie altrui, ma di fornire sostegno alla famiglia di origine che momentaneamente ea vario titolo si trova in stato di bisogno.

Sostenere le famiglie e non approfittare della loro difficile situazione e privarle dei suoi figli. L'allontanamento totale di un bambino dalla sua famiglia dovrebbe essere fatto solo in casi estremi.

Il successo per proteggere i bambini non va mai misurato nel numero di adozioni portate a termine, ma nel numero di adozioni che sono state impedite salvando le loro famiglie.

A questo proposito, la legge è chiara: ogni minore ha il diritto di vivere nella propria famiglia. Tale diritto sancito dall'art. 30 e 31 della Costituzione italiana che stabiliscono rispettivamente il diritto e il dovere dei genitori di mantenere, educare i propri figli e l'obbligo della Repubblica di facilitare la formazione della famiglia e l'adempimento dei relativi compiti con misure economiche e altre disposizioni, e disciplinato dalla legge 184/1983 ('Legge 184' intitolata 'Diritto del figlio alla famiglia', modificata dalla L. n. 149/01 con l'introduzione di importanti novità)

Titolo I, "Diritto del bambino alla propria famiglia". L'art. 1 afferma che:

1. Il minore ha diritto a crescere ed essere educato all'interno della propria famiglia.

2. La condizione di indigenza dei genitori o del genitore che esercita la potestà genitoriale non può essere di ostacolo all'esercizio del diritto del minore alla sua famiglia. A tal fine sono predisposti interventi di sostegno e aiuto a favore della famiglia.
3. Lo Stato, le Regioni e il Comune, nell'ambito delle proprie competenze, sostengono, con opportuni interventi, nel rispetto della loro autonomia e nei limiti delle risorse finanziarie disponibili, le famiglie a rischio, al fine di prevenire l'abbandono e permettere al minore di essere educato all'interno della propria famiglia.
È tutto. Questo è lo scopo, la 'ratio' di una legge che non potrebbe essere più chiara di questa, così come, a questo proposito, è altrettanto chiara la Costituzione italiana.

La finalità delle cure alternative in questa prospettiva, riconosciuta anche a livello internazionale, di tutela famiglia di origine, l'affidamento del minore non può essere che temporaneo, intendendo la temporaneità come momento di difficoltà temporanea per la famiglia di origine che può essere compensata con l'intervento della famiglia affidataria.

L'affidamento è temporaneo per definizione, proprio perché il suo scopo è il ritorno del figlio alla famiglia di origine una volta superate le difficoltà.

L'affidamento di un minore in affido deve essere considerato con estrema serietà e solo nell'interesse del benessere del minore. Dovrebbe verificarsi solo se assolutamente necessario. La fine dei diritti dei genitori è un risultato devastante e tragico. Favorire l'adozione dovrebbe essere l'ultima risorsa assoluta. Il governo non dovrebbe occuparsi di creare orfani.

Al suo posto, ci deve essere un sistema che sia veramente nel migliore interesse dei bambini. E se possibile, i bambini appartengono alla loro famiglia. Il servizio sociale per l'infanzia ha bisogno di supervisione, responsabilità e conseguenze. E a meno che le condizioni non siano sicure, i bambini dovrebbero essere restituiti alle loro famiglie. Ma il sistema non è veramente "nell'interesse dei bambini".

Se andiamo indietro nel tempo, già nel 2011/2012 si sono svolti in varie città d'Italia convegni dal titolo "Sottrazione forzata di minori dalle famiglie". I dati usciti dalle sale conferenze erano e sono tuttora preoccupanti: "L'80% dei casi di allontanamento di minori sono fatti per false accuse".

Questi criminali sono oltre l'incredibile, sono più duri degli animali selvatici; invece di proteggere i bambini e assistere le famiglie, li stanno devastando! Combattono sempre con i genitori; distruggere i genitori diventa il fulcro del loro lavoro. Mandare i genitori in prigione è un potente deterrente per continuare liberamente i loro abusi.

CAPITOLO DUE

ASSISTENTI SOCIALI RUBANO E GIUDICI APPROVANO

Tradimento burocratico di "incapacità genitoriale"

Quando un giudice iniquo indossa la veste della giustizia, si genera un grande disastro. Non troverai una legge che ti protegga. Sarai sicuramente umiliato. Sembrerai morto in vita e soffrirai il dolore. L'ignominia della sconfitta totale ti farà vergognare, sciocco e stupido. È qualcosa che va oltre l'umiliazione! Quindi ti allungherai per chiedere aiuto a un funzionario per catturare la tua umanità rubata, ma invano. Ecco come sono con la mia tragedia.

Nel tribunale per i minorenni di Bologna città non ci si può aspettare una valutazione o un'analisi di un caso da parte di un giudice, ma si vede un decreto che si emette molto facilmente; una decisione che non dipende da documenti o prove efficaci. Gli assistenti sociali propongono l'allontanamento dei minori e il tribunale per i minorenni riconosce l'allontanamento del minore immediatamente e senza verificare il caso.

Si tratta di una grave violazione che porta all'affidamento illegale e all'adozione. Così come è successo nel mio caso trattato dal giudice Francesca Salvatore. Ha utilizzato il concetto di "incompetenza dei genitori" come uno slogan per giustificare il suo rapimento delle mie due figlie, questa incompetenza che non è stata assolutamente provata.

È chiaro che è questo giudice che deve sottoporsi a un procedimento per determinare la sua competenza. A causa della sua irresponsabilità e malvagità le mie figlie mi sono stati sottratti e dati in affido e adozione.

Nonostante le mie figlie mi si aggrappassero e non volessero lasciarmi, il giudice minorile e gli assistenti sociali calpestavano i loro desideri invece di apprezzare il solido legame madre-figlio e il vero affetto, mi hanno considerato una persona inappropriata e incapace di prendersi cura dei miei figlie senza alcuna prova.

Ma il nocciolo della domanda qui: la presunta competenza è stata davvero verificata? Chi può identificare l'idoneità dei genitori? E chi può definire cosa è meglio per i bambini e il loro benessere?

Secondo la legge, prima di allontanare un figlio, deve essere valutata la capacità genitoriale per determinare o misurare la competenza di uno o entrambi i genitori. Per svolgere questo compito, le capacità del genitore devono essere determinate da esperti e specialisti attraverso un'attenta valutazione della personalità dei genitori, altrimenti si tratta di furto e abuso.

Inoltre, "l'incapacità dei genitori" è in realtà puro tradimento: un tradimento burocratico sotto le spoglie di una buona madre o di un buon padre, che nasconde un conflitto di interessi. I bambini strappati pagano molto ai professionisti che li invadono.

La maggior parte di questi professionisti non è sempre all'altezza del compito e soprattutto non è sempre dalla parte dei bambini. Cospirano con altri che hanno già violato il grande patto che le istituzioni dovrebbero firmare con questa infanzia ferita.

La fantomatica "incompetenza genitoriale": il nome che giustifica le azioni con cui i figli vengono separati dai genitori, riconducendo tale competenza/incapacità ad una caratteristica psicologica, cioè ad un tratto della personalità, è anche un abuso scientifico.

Non esiste una categoria o una sindrome di incompetenza dei genitori in nessun libro di testo di psicologia o psichiatria. Non esiste incompetenza genitoriale come categoria psicologica soggetta ad esclusione. L'atto così frequentemente utilizzato dai Tribunali per i Minorenni in Italia, di affidare un minore a terzi (Servizi Sociali), è un'ipotesi che dovrebbe essere perseguita solo per motivi molto gravi ed eccezionali.

Il bambino ha il diritto di vivere con i suoi genitori naturali e di mantenere un rapporto equilibrato e continuo con loro, e anche con i suoi nonni e parenti. Il bambino ha il diritto di esprimere la sua opinione e i suoi sentimenti in ogni procedura o decisione che possa riguardarlo.

Tuttavia, la voce del bambino rimane inascoltata nel tribunale per i minorenni, e molti bambini sono stati sottratti a buoni genitori e affidati a cattivi affido, come è successo ai mie figlie; la loro rimozione non era necessaria. C'era un forte legame emotivo tra me e loro, ed ero molto interessato alle loro vite. Oltre a ciò le mie figlie avevano una maggiore autostima, si comportavano meglio a scuola ed erano felici con me.

Il giudice dei minorenni ha preso una decisione superficiale e mi ha rubato le mie figlie senza considerare i loro interessi. Non ha promosso la stabilità e la sicurezza della famiglia stabilendo standard minimi per impedire l'allontanamento arbitrario e non necessario dei miei figli.

L'enfasi principale del tribunale per i minorenni è di mantenere intatta la famiglia, se possibile. Questo è veramente ciò che è nel migliore interesse dei bambini. Se è vero che il tribunale per i minorenni e i servizi sociali sono dedicati alla tutela dei minori, perché allora ci sono tanti abusi!

Non è più un giudizio basato su ciò di cui il bambino ha bisogno, con chi stare o su ciò che è veramente meglio per l'intera famiglia. Quando un bambino viene ingiustamente allontanato da un assistente sociale e approvato da un giudice, allora il problema non riguarda solo gli assistenti sociali, ma anche il tribunale stesso. I giudici sono quelli che esprimono giudizi e quelli che stabiliscono regole e decisioni.

Togliere la libertà a qualcuno e rinchiuderlo lontano da casa, famiglia e amici è una delle decisioni più gravi che si possano imporre e che può sollevare profonde questioni etiche a chi deve rispondere alla giustizia.

Non c'è trauma più forte per un bambino che essere privato dei propri genitori, in particolare della madre. La ricerca indica che tenere i bambini lontani dalle loro case interferisce con il loro sviluppo. Più la separazione è traumatica, più è probabile che ci siano significative conseguenze negative sullo sviluppo.

Nei tribunali per i minorenni, i giudici non tutelano i diritti dei minori. Non aiutano le famiglie, ma aiutano se stessi! La frode, la coercizione, l'estorsione e il rapimento sono la norma procedurale in questi tribunali. Gli assistenti sociali sono il collante che tiene insieme "il sistema" che finanzia i giudici e i molteplici altri membri della banda.

Il vero assistente sociale deve essere un imbroglione e deve garantire un ricambio invece di assistere le famiglie. Questo fa durare più a lungo del solito i grandi affari e i Giudici per i minorenni vogliono sfruttarli a proprio vantaggio emettendo facili decreti di allontanamento e adozione.

È un massacro e un mercato all'aperto dove i bambini sono diventati come pecore, e devono essere venduti per lasciare i loro posti ad altre vittime. La sporca istituzione per i rapimenti di minori è la terra delle opportunità delle bande! una terra di sangue e denaro, sangue e tortura dei vulnerabili!

Il denaro sporco è la felicità illusoria dei ciechi. In verità, non sono gli occhi che diventano ciechi, ma sono i cuori che sono nei petti che diventano ciechi.

Sono incapaci di lealtà verso individui, gruppi o valori sociali. Sono grossolanamente egoisti, insensibili, irresponsabili, impulsivi e incapaci di sentirsi in colpa o di imparare dall'esperienza. Sono pronti a commettere tutti i tipi di crimini; sono in grado di danneggiare, imprigionare e persino uccidere persone innocenti. Sono addestrati a fare tutto per i soldi nelle sporche istituzioni della follia!

Esporre le mie figlie a una psichiatria difettosa

"Lei non può vedere i sue figlie perché sono in psicoterapia...", ha detto il giudice Salvatore al mio avvocato. Non ha ammesso che la separazione dai genitori non significa perdere una casa ma una vita intera.

Ho sentito un forte dolore alla testa perché c'era qualcosa di ingiusto e assurdo; dopo che le mie figlie erano state portate via, non mi fu permesso di vederle per quasi un anno.

Durante questo periodo, stavo facendo di tutto per vederle. Ero estremamente preoccupata per la loro salute e sicurezza, chiedendomi con che tipo di persone vivevano: "Potrebbero provare una profonda tristezza con estranei che non vanno d'accordo con loro, potrebbero provare una perdita di sicurezza e un senso di distruzione, possono essere esposti a tutti i tipi di abuso."

Ho assunto cinque avvocati in sequenza per riavere le mie due figlie, ma senza successo. Anche il miglior avvocato non può fare nulla. Non ti è permesso ascoltare le prove contro di te. Non sei in grado di contestare le dichiarazioni rese dagli assistenti sociali, fraudolente o meno, né ti è consentito fornire prove contrarie.

Il motivo per cui non sei in grado di fare nessuna di quelle cose concesse come diritto del giusto processo è perché né tu né il tuo avvocato dovete essere ammessi in quell'aula di tribunale.

Di fronte a questo dramma senza fine e di fronte al continuo rifiuto di vedere le mie figlie. Ho iniziato a protestare davanti alle istituzioni governative. Diversi giornali italiani hanno scritto delle mie proteste, come "Cazzeta di Reggio" e "Il Resto del Carlino" nella città di Reggio Emilia.

Ogni volta che andavo dagli assistenti sociali per chiedere di vedere le mie figlie, mi cacciavano fuori. Ricordo una volta, quando sono entrata nell'ufficio di Angela Campari, Il responsabile dei Servizi Sociali in correggio, questa personalità sadica a cui piace godersi il dolore dolore degli altri, è una persona irascibile, severa nei suoi rapporti con gli altri e ferisce intenzionalmente le persone. Mi guardò con disprezzo dai piedi alla testa e ha detto:
"Cosa stai facendo qui?"
ho risposto "Ho bisogno di vedere le mie figlie"
Uscì dal suo ufficio e rise istericamente come se avesse avuto una scossa elettrica e Ha detto:
"Non ti abbiamo preso niente"

Una sensazione di umiliazione si è aggravata nel profondo di me. Così, ho raccolto la mia indignazione e l'ho guardata in attesa, rifiutandomi incredulo di accettare le sue azioni e ho detto: "hai rapito le mie figlie, il nucleo del mio cuore, dove le hai portati?"
Ha detto beffardamente: "Devi andartene e non venire più qui, altrimenti chiamo la polizia".
Che brutalità!

Sono rimasta completamente sbalordita dal suo comportamento aggressivo e dal suo disprezzo per la vita degli altri; Mi sono seduta davanti ai locali dei servizi sociali, confusa. Stavo raccogliendo i miei sensi confusi e ho cominciato a protestare perché?
Che male le ho fatto per insultarmi in un modo così orribile? Perché questo odio e ostilità?

Perché lei e i suoi colleghi si sentivano felici a causa della nostra tristezza?! Non ho il diritto di temere per le mie figlie chiedere di loro?!

Il suo comportamento doloroso mi ha fatto preoccupare ancora di più per le mie figlie; sono stati portati in una situazione terribile. Ho vissuto innumerevoli tipi di tormento, smarrimento e una profonda paura per l'incolumità dele mie figlie . Non ho mai smesso di chiedere e lottare per riavere le mie ragazze. Più gli assistenti sociali cercavano di fermarmi, più la mia perseveranza mi portava sulle montagne della sfida.

Ma chi può resistere all'uragano fino alla fine?

Chi può battere la furia delle onde fino all'ultimo respiro?

Quando la mia pratica è stata trasferita al nuovo ufficio dei servizi sociali, al Polo 3 di Reggio Emilia, vicino la mia nuova regione di residenza. Avevo molte speranze che gli assistenti sociali di questa citta sarebbero stati umani e comprensivi. Sfortunatamente, i venti soffiano in contrasto con ciò che le navi desiderano.

Sono rimasta delusa quando ho capito che i loro cuori sono pieni di malvagità e la loro istituzione era cupa, piena di personaggi che hanno da tempo accettato di trattare le persone con volgarità e tradimento.

Questo non è loro estraneo, in quanto il loro capo Francesca Anghinolfi è coinvolto in gravi violazioni. Condivide la torta con i giudici minorili quando vende i bambini ai suoi amanti, omosessuali, per rafforzare la sua storia d'amore con loro.

Gli atti disgustosi e immorali che si verificano nei tribunali per i minorenni e nei servizi sociali per l'infanzia e le condotte incostituzionali e illegali del regime corrotto sono aumentate drammaticamente in tutta Italia.

Durante l'intervista con me, Anghinolfi ed l'assistente sociale Elisa Santachiara sono apparsi crudeli perché non provano alcuna simpatia per le loro vittime. Mi hanno sempre trattato duramente e senza pietà. Entrambi si sono rifiutati di permettermi di vedere le mie figlie, sostenendo che le ragazze stavano facendo psicoterapia e dovevano evitare di incontrare i loro genitori, altrimenti il trattamento sarebbe stato inefficace. Ma chi sta facendo questo trattamento e come viene fatto?

È una psicoterapia fatale e difettosa quella condotta da opportunisti e psichiatri e psicologi falliti come la psicologa Valeria Donati che ha fatto il lavaggio del cervello alle mie figlie e ne ha adottato una dopo avermi accusato falsamentei.

I bambini sono particolarmente vulnerabili a pratiche fraudolente, negligenti e persino abusive. È stato un serio dilemma che mi abbiano indotto con l'inganno a interrompere la mia relazione con le mie figlie. Le loro affermazioni fuorvianti nascondevano infidi segreti per abusare.

Le mie figlie avevano un rapporto stretto con me, e non permettere loro nemmeno di vedermi è una punizione ingiustificata. In questo modo estremamente doloroso, intendevano farli disperare completamente di tornare dai loro genitori naturali, e questo si rifletteva negativamente sulla loro salute. Questa privazione potrebbe tagliare il filo della vita, dei modi di vivere e dei modi di sviluppo psicologico, mentale ed emotivo di essi. Il vero obiettivo di impedire alle mie bambine di vedermi era il titolo di un piano criminale per fare il lavaggio del cervello e venderle.

Per facilitare il traffico di bambini, il cervello non viene solo sottoposto a lavaggio del cervello per cancellare bei ricordi, ma anche per generare ricordi molto cattivi e falsi contro i loro genitori in modo che credano di aver subito abusi fisici e sessuali. A questo scopo sono stati seguiti anche metodi più diabolici, che sono stati trovati nell'indagine giudiziaria sotto il nome in codice:
"Angeli e Demoni".

L'immoralità, l'etica, l'inganno, la malizia e la crisi raggiungono il culmine. Questo mi ha fatto sentire come se fossi in guerra per il mio sangue e la mia carne. Ho lottato furiosamente per tutta la stagione. Ho fatto del mio meglio per salvare i miei figli. Ho fatto lo sciopero della fame e ho fatto una serie di proteste davanti alle istituzioni governative in Italia e Marocco. Purtroppo, la mia voce non è mai stata ascoltata.

Gli effetti di questi comportamenti grossolani da parte di queste istituzioni, che dovrebbero proteggere le persone in difficoltà, hanno danneggiato e causato danni molto gravi a me e ai miei figli. Scandalo "Angeli e Demoni", di cui nessuno dimenticherà, vista la gravità delle accuse, e delle prove raccolte che attestano la terribile tragedia causata a noi e ai nostri poveri bambini, vittime di questi eventi.

La situazione delle mie bambine può rappresentare un fallimento collettivo, prova che il sistema corrotto è una grande calamità per le famiglie e deve essere immediatamente interrotto. Sorge quindi spontanea la domanda dei cittadini e delle persone di buona volontà, dov'è l'Autorità Giudiziaria, che forse è stata defenestrata da questo soggetto?

CAPITOLO TRE

INTERVISTA ORRIBILE CON GIUDICE MINORILE

Giudice ha svolto il ruolo di ladro e astuzia

Infliggere danno o dolore a qualcuno incapace di fare lo stesso con te potrebbe sembrare intollerabilmente crudele, ma accade più di quanto potresti pensare in un tribunale per i minorenni.

Sono andata a incontrare il giudice Francesca Salvatore nel tribunale per i minorenni di Bologna città. Avevo pensato che mi avrebbe reso giustizia e così avrei potuto riavere facilmente le mie figlie, dopo che tutto sembrava essere in ordine:

Ho assunto un avvocato per reclamare le mie figlie. Ho anche rotto con il mio violento ex marito e avevo un lavoro fisso e una casa decente.

Il giorno in cui sono andato al tribunale è stato un giorno molto triste come tutti i giorni trascorsi da solo dopo l'assenza dei miei figlie. Proprio come rincorrendo un miraggio, ho condotto una vita senza senso e senza valore. Giorni e notti infiniti di desiderio che brucia il mio cuore e invade la mia anima. I ricordi si levavano per riportarmi al momento della separazione maledetta, quel momento di aggressione e ingiustizia. Nel tribunale per i minorenni, stavo seduto pigramente mentre il giudice mi sbatteva con parole crudeli che mi cadevano come una spada nel cuore, ricordi dolorosi e inganni che non possono essere dimenticati.

Il tribunale era così deprimente. Le cause di questa depressione erano anche tristi dove si perdevano persone care, figli e nipoti. I tristi ricordi sono seguiti dai gemiti dei genitori perseguitati e dei bambini uccisi vivi. Che tribunale drammatica e miserabile! Ti priva di tutto e poi ti rifiuta, ti imprigiona se non gli obbedisci o se non ti arrendi alla sua triste realtà. Migliaia di falsi decreti furono depositati negli archivi del Tribunale e alle sue pareti furono appesi atti numerati; conteneva molte delle promesse negate dai loro fondatori.

Ho chiesto ad una receptionist che voglio parlare con il giudice Salvatore.

"È in riunione, dovresti aspettarla." rispose

Ho dato il mio nome e mi sono seduto ad aspettare con impazienza l'arrivo del giudice.

Dopo un'ora, Salvatore si è presentata e sembrava magra con lineamenti spietati. Mentre si intrufolava nel suo ufficio, stava sbirciando gli ospiti proprio come fa un ladro quando ha paura di essere catturato. Entrò nel suo ufficio e sbatté la porta dietro di sé, cosa che mi causò un notevole sgomento.

Sembrava un campanello d'allarme per dirmi che non c'era spazio per discutere. Nonostante ciò, non ho perso la speranza e ho sentito che il mio cuore è volato nel suo ufficio per discutere con lei. Mi precipito alla porta dell'ufficio a bussare.

'Entra per favore" Ha detto

Entrai, la salutai e rimasi immobile mentre lei mi lanciava uno sguardo rude.

"Come posso aiutarti?'' Ha chiesto severamente.

"Chiedo il tuo permesso per restituirmi le mie figlie"

Ho risposto.

"Le bambine non sono più tuoi e non verranno recuperati"

Ha detto con sarcasmo.

Sono stata dominata da un forte tumulto. Mi sono arrabbiata e ho sentito che la tensione mi stava soffocando l'anima. “Ma le mie figlie hanno un disperato bisogno di me, e questa privazione causerà un profondo danno e un impatto su di loro” Ho detto.

"Non ho tempo per parlare con le mamme per favore."

Ha detto in modo irresponsabile.

"Voglio sapere il motivo di questo atto pericoloso che stai facendo e privando di me le mie figlie. qual è la ragione dietro questo?" Ho detto.

"Non fare molte domande, esci velocemente."

Ha detto nervosamente.

Certo, non hanno tempo, poiché ogni nuovo diventa vecchio una volta scambiato. La fine della conversazione aveva deluso ogni speranza di pace. La mia primavera di speranza era in un grado superlativo di silenzioso svanire. Le sue dure azioni nascondevano interessi economici e progettavano di vendere le mie figlie.

Questo è un profitto illegale sulla pelle dei deboli mentre le anime vengono uccise e i corpi avvolti e sepolti in profondità infinite, nella massima segretezza e con sangue freddo. E' l'era delle tenebre e della corruzione diffusa all'interno dei dipartimenti governativi!!

Ho lasciato il tribunale ed ero distrutta, confusa, delusa e in lacrime. Mi sono ritrovata su una strada oscura. C'era nevischio, neve e gelo al cuore. Sono rimasta sola tutto il tempo quando la tristezza mi ha assalito, sola di fronte al mondo, sola di fronte alla crudeltà e alla brutalità di questi atti di tortura che sfuggono a ogni descrizione. La loro crudeltà può mandare in frantumi tutto come il fuoco quando brucia legna da ardere. Non hanno alcuna coscienza di distruggere le famiglie poiché i loro sentimenti si sono prosciugati.

Com'è difficile trattare con persone il cui cuore è come pietre, e ancora più difficile! Fiumi sgorgano dalle rocce, ma ogni sorta di mali esplodono dai loro cuori.
Non potevo credere che anche il giudice mi ignorasse e non mi rendesse giustizia. Anche il giudice mangia carne umana e nutre i suoi figli con questa carne che appartiene a loro; carne di innocenti come loro.

Di fronte a questa infinita crudeltà, continuavo girare in un vortice per le strade di Reggio Emilia e di Bologna, e tra tribunale dei minori e servizi sociali come fogliame quando i temporali autunnali li oscillano a destra ea manca, vagando per i vicoli alla ricerca delle mie preziose figlie. Erano perse proprio come le piccole cose si perdono tra le grandi cose. Erano perse persi proprio come gli animali domestici si perdono tra i predatori. I delinquenti hanno rimosso la mia carne e il mio sangue e hanno cominciato a respingermi.

In che misura privare un bambino della propria famiglia è una priorità rispetto alla sua salute mentale e fisica, o una soluzione che determina la qualità della vita di tutti i membri della famiglia? E questa decisione è coerente con la legge locale e internazionale sui diritti dei bambini?

Legge n. 184 del 1983 (intitolato Diritto del minore alla famiglia) disciplina l'istituto dell'affidamento familiare, volto a sanare situazioni di temporanea incapacità dei genitori che esercitano la potestà genitoriale, che ostacolano il diritto del minore alla propria famiglia. A tal fine, la legge prevede interventi di sostegno e aiuto a favore della famiglia di origine.

L'affidamento, secondo la legge italiana, è uno strumento volto alla tutela del minore, che ha una durata fissa e che può concludersi sia con il ritorno alla famiglia di origine, sia con la dichiarazione dello stato di adottabilità quando i genitori non sono più in grado di svolgere la funzione di genitore.

Le circostanze di fatto che privano il minore di un ambiente familiare idoneo possono riguardare la personalità del genitore (gravi carenze comportamentali, malattie, ecc.) Non si applica a me per nessuno dei motivi che potrebbero portare a dare le mie figlie in adozione;

avevo un alloggio decente e un lavoro fisso, ho rotto con un marito violento e non avevo malattie mentali

Nel provvedimento di affidamento deve essere indicato il periodo di presunta durata dell'affidamento, che deve essere riconducibile agli interventi volti al recupero il bambino alla famiglia d'origine. Ma, nel mio caso, sono stata ingannata e ingiustamente privata delle mie figlie.

Sono stato giudicato incompetente mentre stavo facendo del mio meglio per proteggere le miei figlie. Una madre che possiede qualità positive e componenti protettive è in grado di ridurre ansie e preoccupazioni, e una figura che ha un attaccamento sentimentale ai propri figli è in grado di rispondere adeguatamente ai loro affetti.

Ma il giudice Salvatore ha preso decisioni arbitrarie, sottraendole a una buona madre e sottoponendole a punizione. Questo è un grande trauma e una terribile tragedia che ha colpito me e i miei figli. Mi sono ritrovato senza figli in poche ore in modo opprimente.

Salvatore ha commesso un'ingiustizia e non ha ordinato la verifica della mia competenza genitoriale. Ha anche trattato il mio caso in modo superficiale senza contribuire all'analisi del problema o all'individuazione di possibili soluzioni. È tutto perché pensa ai propri interessi e non tiene conto dei bisogni e del benessere dei bambini.

Questo giudice, noto con i suoi colleghi per corruzione e traffico di bambini, non ha portato il mio caso alle udienze e non ha fornito alcuna giustificazione fattuale.

Il vero scopo di portare via le mie figlie ra un piano per venderli attraverso la procedura di adozione illegale. Il giudice Salvatore ha abusato della sua autorità, ha fatto di tutto per separare i figli e la madre e per porre fine ai diritti dei genitori. Ha tenuto le mie due figlie in un "affidamento prolungato" e poi le ha vendute in un programma di adozione illegale.

Salvatore è stato nel migliore dei casi negligente, e nel peggiore intenzionale quando ha “fatto tutto ciò che era in suo potere” per strapparmi via le mie figlie senza riguardo per i loro diritti. Ha adottato un approccio punitivo nei confronti di me e delle mie bambine, concentrandosi più sul portarle via che sulla priorità dei loro bisogni o sulla fornitura di servizi per alleviare i nostri problemi.

Salvatore ha anche rifiutato di permettere ai miei genitori di comunicare con i miei figlie quando hanno viaggiato in Italia e sono rimasti lì per 3 anni. Salvatore ha aggredito le mie figlie e le ha private dei genitori, dei nonni e dei parenti senza motivo, senza mandato o giustificazione.

Il giudice Salvatore non ha cambiato la direzione della difficoltà. Ha ingrandito il problema e ha preso la sua iniziativa per torturare le mie figlie distruggerli. La sua decisione arbitraria di privare le mie figlie dei loro genitori, nonni e parenti rivela la confisca dei bambini, l'adozione forzata e pesanti perdite dovute a furto e frode nel tribunale per i minorenni.

È spaventoso che i giudici per i minorenni vedano un motivo giustificato per sottrarre un bambino ai loro genitori naturali perché sono disponibili affidamenti.

Il compito del giudice minorile è quello di assicurarsi contratti per centri di cura per ospitare bambini rubati e questi centri devono essere tenuti occupati. Quando ogni bambino viene venduto, deve essere sostituito immediatamente con un altro nuovo.

O giudice, quale punizione meritate voi e coloro che ci hanno ingannato? Ci hai illuso con l'aiuto e ci hai fatto ingoiare amare delusioni. Quale sanzione meritate tutti per quelle ferite che avete piantato nelle nostre profondità?

Qual è il prezzo che può curare le cicatrici che non possono essere curate.

Sai quanti tipi di tormenti hai inflitto ai nostri figli?
Per quanto tempo i cuori dei nostri figli urleranno ancora in silenzio e nessuno è disposto a rispondere a questi cuori sanguinanti?

Infrangere la legge delle Nazioni Unite

Giudici per i minorenni, che cercano di soddisfare la domanda dei consumatori e garantire miliardi di euro ogni anno. Quegli euro sporchi, troppo spesso, inducono i giudici senza scrupoli ei loro seguaci a frodare, costringere e rapire i bambini lontano dalle loro amate famiglie. I giudici corrotti di "Bambini per contanti" hanno rovinato più di cinquecentomila vite.

Il bambino ha il diritto di vivere con i suoi genitori naturali finché questi genitori sono in forma e non li espongano al pericolo. La legge delle Nazioni Unite vieta l'adozione illegale e criminalizza la sottrazione di minori, il traffico di minori, la prostituzione minorile, la pornografia minorile e qualsiasi attività o pratica illegale come la mancanza di un adeguato consenso da parte dei genitori biologici e il profitto illegittimo da parte dei mediatori. La falsificazione di atti ufficiali, la coercizione e la relativa corruzione costituiscono adozioni illegali devono essere vietate, criminalizzate e punite con sanzioni che riflettano la gravità dei reati.

La legge delle Nazioni Unite riconosce il diritto della maternità e dell'infanzia a "protezione e assistenza speciale" e il diritto di tutti i bambini alla protezione sociale. Le adozioni illegali violano molte norme e principi sui diritti dell'infanzia, compreso l'interesse superiore del bambino. Questi principi vengono violati quando lo scopo dell'adozione è quello di trovare un bambino per i genitori adottivi come alternativa di custodia e tratta dei bambini che porta all'adozione illegale.

Se riconsideriamo quanto sta accadendo in questo momento nei tribunali per i minorenni italiani, scopriamo che i diritti sanciti dalle Nazioni Unite sono assenti e sovvertiti. Tali azioni sono gravi violazioni dei diritti umani e contrarie al diritto internazionale. Si tratta di una serie di violazioni dei diritti umani che, a loro volta, mascherano il conflitto di interessi tra i giudici dei minorenni, i servizi sociali, la politica, gli psichiatri e gli psicologi. Vediamo proliferare più propaganda a sostegno degli assistenti sociali.

Questi aggressori con intenzioni criminali trovano mezzi lucrativi per ottenere le loro vittime attraverso processi dei servizi sociali già corrotti. L'adozione mascherata è per loro pane quotidiano!

I termini adozione illegale e racket sono spesso usati dai mass media per indicare alcuni fenomeni legati alla tratta dei bambini.

Le istituzioni dei servizi sociali e il sistema giudiziario per i minorenni in cui lavorano sono segrete, auto-investigative ed esistono secondo leggi e limitazioni dell'azione penale che violano le leggi e gli statuti della nazione. Si ripagano e possono agire senza limiti.

Come genitore, condanno gli autori di quell'atto efferato e sollevo una domanda: perché le Nazioni Unite non intervengono rigorosamente per porre fine a tutti questi abusi palesi?

In che modo un bambino con una famiglia vivente viene trasformato in un "orfano di carta", adottato per il profitto di qualcun altro? Le loro vite sono state segnate da adozioni corrotte. Quali cambiamenti politici italiani potrebbero impedire che i bambini vengano sottratti ingiustamente alle loro famiglie di origine, aiutando contemporaneamente a smettere di creare orfani invece di salvare quelli vulnerabili?

CAPITOLO QUATRO

INCONTRI STRAZIANTI CON LE MIE FIGLIE

Regole strane durante gli incontri

Dopo un anno di sofferenze e lotte, mi è stato permesso di vedere le mie figlie solo per poche volte e ho dovuto applicare regole strane durante gli incontri protettivi; ascolta e obbedisci come uno schiavo.

Ho scoperto che mia figlia maggiore viveva in una famiglia affidataria in una zona di montagna, e la mia figlia minore viveva in un istituto per l'affidamento, "Cenacolo Francescano", dove si sarebbe tenuto l'incontro di protezione.

Prima del primo incontro, sono stata chiamata dall'assistente sociale Elisa Santachiara a venire nel suo ufficio al Polo 3 di Reggio Emilia. E attraverso l'intervista, ha creato opinioni e posizioni che non avevano nulla a che fare con la realtà;

Cominciò a dettare regole strane che dovevo applicare durante gli incontri protetti con le mie figlie:

"Ascolta e apri bene le orecchie"

"Non baciarli più di una volta in ogni riunione"

"Non abbracciarli e non dire loro che li ami"

"Non ricordargli nulla di legato al passato o il presente"

"Non parlare con loro dei loro nonni o parenti"
"Non promettere loro di tornare da te."
Aggiunse con maliziosa gioia:
"Questo è un ordine del tribunale e tutto ciò che devi fare è giocare con loro fino allo scadere del tempo concesso".

Sono stato colpito appena da quello che avevo sentito. Era oltre ogni immaginazione e troppo per la pazienza umana. Volevano che facessimo un gioco, un gioco che rappresentasse i loro trucchi; siamo solo un gioco nelle loro mani.

Non riuscivo a credere a quello che stava dicendo, le frasi mi soffocavano in gola, abbassavano la testa e i miei occhi si trasformavano in lacrime. Ho ascoltato le mie emozioni e mi ha torturato. Come posso resistere a queste sordide regole? Come posso diventare un corpo senza anima?
Se do le mie figlie la speranza di tornare a vivere con me, li danneggerà? Se dicessi loro che ti amo, gli danneggerebbe?

Piano diabolico dietro le strane regole

So che la maternità non può essere soppressa da regole ingiuste o leggi oppressive. Il vero scopo di queste regole è che intendono rendere superficiale il mio rapporto con le mie figlie , privo di sentimenti e tenerezze che consolidino i legami tra madre e figli.

Queste regole genereranno una falsa immagine nel cervello dei bambini che la loro madre è indifferente a loro, li ha abbandonati e non si preoccupa dei loro bisogni; così i bambini perderanno il senso di sicurezza perché il vero riferimento a loro, la madre, è diventato indifferente ai loro interessi.

In definitiva, vogliono che le mie figlie si sentano escluse, non si godano l'amore della loro madre. Trascurarli fisicamente o emotivamente può influenzarli in modo estremamente negativo.

La negligenza è un tipo molto comune di abuso sui minori e può essere dannoso quanto l'abuso fisico. Ignorare i bisogni dele mie figlie o farli sentire inutili può causare una bassa autostima e persino cicatrici psicologiche per tutta la vita. Un bambino ha bisogno di sentirsi amato e impedendomi di comunicare con le mie figlie dicendo loro che li amo e li stimo, può portare a una relazione instabile che rende più facile per assistenti sociali, psicologi e psichiatri compiere i loro atti criminali, che sono la sottomissione di le mie bambine al lavaggio del cervello e modellano i loro comportamenti come vogliono.

Incontri protette con le mie figlie

In che modo i servizi sociali diventano un manganello nelle mani dei carnefici? Maledette quelle istituzioni i cui professionisti combattono l'amore e uccidono il significato della maternità che è la migliore benedizione della vita. Distruggono i rapporti cordiali con i nostri figli, distruggono i nostri sentimenti e spezzano i nostri cuori. Rendono i nostri figli nostri nemici e li trasformano in una spietata macchina del profitto.

Li accusano ogni giorno di quello che hanno da dire e da fare, attenti che se i bambini non fanno quello che gli è stato insegnato, saranno soggetti a ogni tipo di punizione psicologica e fisica. Questo è ciò che ho imparato dagli incontri protetti con le mie figlie.

Quando è arrivato il giorno del primo appuntamento, ho comprato tanti regali e tutte le cose che le mie figlie amano. Mi rallegravo di vedere le mie figlie, ma non sapevo che altri guai mi aspettavano.

Alte mura, anime cupe, libertà ammanettata, lacrime sgorganti e innocenza oppressa. Questa è la realtà della comunità per l'affido all'infanzia "Cenacolo Francescano". Suonai il campanello e dopo pochi minuti si presentò una suora con le chiavi in mano. Sembrava grassoccia e da uomo nel taglio di capelli, nel vestito e nel modo di lei ha aperto la porta e mi ha chiesto di entrare. L'ho salutata, poi le sono andato dietro.

Notai che il giardino del cortile era arido come il cuore dei bambini che vivevano dietro le sue mura. Cuori innocenti privati dei loro cari, gemiti, feriti dalle parole, segnati dal ricordo della separazione, e prematuramente rovinati e persi nella selvaggia oscurit senza che i loro aguzzini sentono il loro dolore e nessuno che senta le loro lamentele.

Una lampada si accese e una stanza apparve stretta e quadrata. Mi sono seduto su una sedia ad aspettare le mie figlie. Improvvisamente sono arrivate con le mie figlie l'assistente sociale Santachiara e l'educatrice Chiara Rabboni, che appena mi hanno vista sono corse e mi sono cadute tra le braccia, abbracciandomi.

Era gioia mista a dolore, le mie figlie piangevano di cuore; provando paura, perdita e confusione che non avevano mai provato prima. Erano sotto pressione e stress anormali causati da comportamenti aggressivi importanti e da una serie di abusi e irritazioni di assistenti sociali, educatori, psicologi e psichiatri.

Ho abbracciato le mie bambine e sono stato sopraffatto dalle lacrime che mi uscivano dagli occhi. Ho cercato di calmare le mie figlie e ho chiesto loro cosa fosse successo:

Mia figlia Chaymae si lamentò amaramente: "Mamma, ci hanno detto che ci avevi abbandonato, perché?"

"Non è assolutamente vero, sto facendo la guerra per portarti a vivere con me" risposi

"Sono stato molestato, per favore aiutami e portami via da qui il prima possibile." Ha detto con grande paura.

Mia figlia minore Fatma piangeva molto,

"Mi hanno picchiato mamma, ho fame ogni giorno, sogno i lupi che mi mangiano, non posso più vivere lì, mamma aiutami" Ha detto con orrore.

Di fronte a queste confessioni scioccanti, i due assistenti sociali sono stati provocati quando i loro sporchi segreti erano venuti alla luce. "Dobbiamo chiudere l'incontro perché non avete seguito le regole" ha detto Santachira.

Volevano farmi sembrare un sempliciotto e come se non fosse successo niente. Ci hanno rimproverato perché non abbiamo rispettato le regole senza tener conto dei nostri sentimenti e dei nostri dolori. Questa è coercizione e ingoiando l'amarezza opprimente! Mi sono incolpato per aver chiesto aiuto a questa organizzazione criminale che si faceva chiamare "assistenti sociali".

Avrei voluto se avessi risolto il mio problema da solo, e tutte queste disgrazie non sarebbero accadute.

Ero sconvolto dal dolore e dal rimorso e desideravo di essere trascinato in mezzo al mare e spinto negli abissi.

Ho preso in braccio le mie figlie, e con un grido sonoro ho aggredito gli assistenti sociali: "Lasciate che le mie bambine vengano con me, delinquenti"

Le due assistenti sociali hanno iniziato a litigare con me, e alcune suore si sono precipitate nella stanza, e tutte hanno tirato fuori le mie figlie dal mio abbraccio ferocemente.

Gli assistenti sociali hanno minacciato le mie figlie e, le hanno abusati e le hanno costretti a vivere in affido che è al di là delle loro capacità. Questo è stato molto dannoso per il loro benessere e il giudice minorile non criminalizza queste atrocità.

Come potrebbero essere immediatamente ignorati le mie figlie quando hanno espresso la volontà di tornare alla vita normale e di poter vivere con la madre?

Li hanno manipolati in cambio e calpestato i loro veri bisogni.

Abuso dei mie figlie ho scoperto nella comunità

Il prossimo incontro è stato ritardato sei mesi a causa del braccio rotto di mia figlia. un assistente sociale Elisa

Santachiara mi ha chiamato prima dell'incontro e ho pensato che la data sarebbe stata fissata, ma il vento soffia contro quello che desiderano le navi.
"Fatma è stata colpita nel braccio e può essere vista solo dopo pochi mesi." Ha detto astutamente.
"Cosa ha causato la rottura?" Ho chiesto.

Elisa ha ignorato la mia domanda come se niente fosse. Ho continuato a parlare nervosamente: "mia figlia ha più bisogno di me ora, devo incontrarla"
"Non è possibile ora" Ha risposto freddamente.
Ero molto arrabbiata per quello che è successo a mia figlia.

Ho contattato l'Ospedale di Reggio Emilia, reparto pediatrico e mi hanno informato che Fatma è stata recuperata due volte lì per un braccio rotto. Ho fatto lo sciopero della fame per diversi giorni e ho protestato davanti alla sede del servizio sociale e comunale di Reggio Emilia. Diversi giornali hanno scritto del mio caso.

Il braccio di mia figlia si è rotto a causa dei maltrattamenti dell'educatrice Rabboni. Chiedo alle autorità la verità e la giustizia per questi abusi. Secondo la norma (art.33 legge 833/78) "durante le cure mediche obbligatorie, il malato ha diritto di comunicare con chiunque ritenga opportuno"

Questi metodi violenti evocherebbero la deportazione in un campo di concentramento più che il ricovero in ospedale. Gli assistenti sociali hanno posticipato gli incontri tra me e le mie figlie, negando la necessità di questi incontri quando il braccio di mia figlia più piccola si è rotto e impedendole il sostegno emotivo di sua madre che potrebbe aiutarla a sentirsi meglio.

Ma gli assistenti sociali hanno fatto il contrario e hanno aumentato il tormento di mia figlia mentre faceva fatica a sentirsi a proprio agio e ad affrontare il dolore, mentre viveva un'esperienza stressante e sconvolgente, affetta da una grave frattura.

Non solo alle mie figlie è stato vietato di vedermi, ma è stato anche loro impedito di vedere i loro nonni, che sono venuto dal Marocco per far loro visita.

Sotto Minaccia e maltrattamento, come risulta dalle cartelle cliniche - dell'ospedale cittadino di Reggio Emilia, reparto di pediatria, sul comportamento criminale di questi assistenti sociali. La legge avrebbe dovuto fermarli, e questo non è successo, e hanno continuato a torturare le mie figlie.

Quando dopo lunghi mesi è arrivato il prossimo appuntamento del incontro protetta, ho scoperto che il comportamento dle mie figlie era diventato strano, non erano rimaste allegre e felici come erano. Avevano un aspetto pallido e cupo, il che mostrava un'immagine chiara degli abusi che stavano subendo; nei loro toni suona un dolore più profondo misto a paura. Erano così felici di vedermi, ma l'esistenza degli assistenti sociali ha cambiato la sicurezza in paura e la felicità in tristezza.

Mia figlia minore Fatma era al culmine della sua agonia, tensione e confusione dopo l'incidente, il suo braccio aveva molti punti di sutura e sembrava come se fosse stato colpito da un oggetto appuntito.

Ho chiesto: chi ti ha rotto il braccio Fatma? Piangeva molto e puntava il dito contro l'educatrice Chiara Rabboni e diceva: "Mi ha colpito tante volte con un bastone e mi ha rotto il braccio".

Ero spaventato e infuriato, e i miei occhi si offuscarono per le lacrime di oltraggio. Stavo praticamente urlando con la mia frustrazione crescente che mi ha reso una donna amareggiata. "Non vergognarti di abusare di mia figlia in modo così brutale? Dissi a Rabboni

Lei rabbrividì e rispose: "Non si può parlare di niente dei bambini, il giudice ce le ha affidati".

Ho sentito che l'aria stava lentamente mancando e il terreno si restringeva sempre di più. Era quasi come se le nostre vite crollassero silenziosamente e nessuno potesse salvarle. Gli assistenti sociali stavano facendo gli assassini come se puntassero un'arma contro di noi e hanno deciso di ucciderci a sangue freddo.

Ero terrorizzato dalla loro estrema crudeltà e dai loro abusi. Le mie figlie sono stati esposti a violenze fisiche e abusi verbali. Hanno infatti subito aggressioni, ogni tipo di abuso, sono stati sculacciati e insultati che hanno inflitto anche danni psicologici. Nonostante tutto questo, i giudici non vogliono che difenda le mie figlie! Nessuno vuole che difenda le mie figlie! Sembravo qualcuno con una spada per sconfiggere i nemici per combattere per le mie figlie per salvarle dal terrore inaspettato in cui vivevano.

Anche quando ho denunciato al Parlamento italiano e al Ministero della Giustizia, hanno ordinato alla polizia di espellermi. Mi hanno detto: "Chiudi la bocca e non attaccare". Ma non c'è niente che possa impedirmi di difendere le mie figlie ! Sono pronta a dare la mia vita per loro.

Durante questo incontro, gli assistenti sociali, nemici dell'umanità, stavano incredibilmente gongolando per il dolore di mia figlia mentre soffriva ancora di una frattura al braccio. Ogni tanto guardavano di nascosto; ammiccando tra loro, e di tanto in tanto un ampio sorriso scorreva sulle loro labbra, un sorriso beffardo, come messaggio consegnato di alcuni ricordi dei loro atti criminali.

Ci fanno guerra e diffondono malizia nel paese. Non si preoccupano dei nostri sentimenti, ci trattano come schiavi. Vogliono crocifiggerci o sollevarci da terra. Sono davvero dei soldati del diavolo!

In effetti, le persone senz'anima possono mentire, imbrogliare, violentare e uccidere per ottenere ciò che vogliono. Queste sono le persone a cui lo stato paga PIÙ soldi per ATTACCARE i nostri figli. Questa è stigmatizzazione e disonore che nessuna persona onesta o responsabile con una coscienza viva accetta. Questa è una vergogna per l'autorità che mantiene un silenzio mortale che uccide i nostri figli ogni giorno.

Incontro in casa vacanze a Marina di Massa

Il fatto che la massiccia violenza contro le mie figlie non fosse ancora finita. Nella città di Massa Marina di carrara ha sede il maggiore istituto affiliato dell'istituto affidatario "Cenacolo San Francescano", dove i bambini vi vengono portati in vacanza.

L'appuntamento con le mie figlie è stato prenotato lì. Quindi, è stato un lungo viaggio che ha impiegato circa quattro ore per arrivare, ho portato con me, come al solito, tanti regali e tutto ciò che le mie figlie amavano.

Scopri che questo istituto era sudicio e isolato come un deserto, vastissimo come una prigione che nascondeva dietro le sue mura statue di ghiaccio di bambini uccisi dalla vita. Nonostante la sua vastità, era un luogo angusto, a testimonianza della più grande tragedia che potesse accadere nella storia.

Avevo suonato il campanello, e dopo una quindicina di minuti è arrivata la stessa suora che lavorava nella sezione di Reggio Emilia. Ma questa volta non ha aperto la porta, era infastidita dalla mia presenza, ed era così confusa. Poi mi ha parlato da dietro il cancello di ferro;

"Torna tra due ore, per favore"

Le ho consegnato tutti i doni da sopra il muro per deliziare le mie figlie con la mia presenza.

Non sapevo dove andare perché non ci ero mai stato prima, ho notato che c'era un piccolo caffè nelle vicinanze, mi sono seduta lì ma non mi sono riposata, sono tornata a guardare cosa succedeva intorno a questo istituto.

Ciò che ha attirato la mia attenzione è stato l'arrivo di troppi ospiti; ovviamente, non erano tutti genitori, soprattutto perché alcuni di loro sembravano omosessuali dal loro aspetto fisico, il che mi faceva sentire come se stesse succedendo qualcosa di anormale.

Alle quattro mi si è aperto il cancello, ho visto le mie figlie sgattaiolare fuori dagli assistenti sociali, i loro occhi brillavano di gioia, sono corsi verso di me, mi hanno abbracciato e il momento è stato ricco di abbracci e sorrisi. Improvvisamente, sono stati spaventati dalle urla di due assistenti sociali che venivano da lontano, mormorando insulti spaventosi per il comportamento delle mie bambine.

Le loro parole mi caddero nel cuore come un fulmine, e quasi scoppiai in collera per le loro lingue taglienti, ma non volevo risponderle in quel momento, per rispetto dei sentimenti delle mie figlie. I loro insulti, ordini e rimproveri che mi hanno fatto sentire che c'era un abuso più grave contro le mie figlie. Per questo temevo profondamente per l'incolumità delle mie figlie.

Ci siamo seduti in una stanza sotterranea. Mi sono coccolato con le mie figlie, gli ho tenuto le mani e ho detto che le amo così tanto. Provarono una grande felicità, e presto la scena si fece piena di emozioni e calda d'amore, che destano gli assistenti sociali che ci guardano con indignazione.

Hanno mangiato la torta che ho regalato il giorno del compleanno di Chaymae, gli è piaciuta e i regali. Il compleanno di Chaymae sarebbe trascorsi due giorni, ma ho sfruttato questo incontro come un'opportunità per celebrarlo. Ho dato la speranza alle mie figlie che i loro futuri compleanni saranno con me a casa.

"Questo non si deve dire, perché non sarebbe vero"

Ha detto Santachiara. Le mie bambine sono rimaste sbalordite e sono scoppiate in lacrime. Rovinano sempre la nostra felicità anche entro un'ora dall'incontro. Sembrava che fossero abituati alla tirannia e alla tortura degli altri. Il pianto delle mie figlie le rendeva felici ed euforiche.

Le loro anime malvagie sono apparse e le hanno incitate a godersi il tormento degli altri. Fu a causa della malattia del sadismo che i pensieri seducenti occuparono le loro menti.

Ho tranquillizzato le mie figlie e ho detto con sfida "Festeggiamo i compleanni a casa, non crederci". Gli assistenti sociali mi avevano guardato con disgusto, e poi Rabboni con le sue lunghe unghie che sembravano artigli d'aquila, ha afferrato selvaggiamente entrambe le mie figlie al punto che hanno gridato di dolore, E sei andato con loro prima che scada il tempo assegnato.

Mi sentivo come se la vita si fermasse in quel momento inaspettato. Me ne sono andato, spezzato come al solito, pensando a queste zanne di lupi umani che ci hanno strappato il cuore.

Sono tornata a casa delusa, scioccata dalle condizioni miserevoli delle mie figlie e da quelle maledette regole che limitavano le loro anime, le loro lingue e persino i loro sentimenti. La paura che le ragazze provavano in mia presenza per questi criminali era solo una piccola parte di quella che stavano vivendo in mia assenza. Non sapevano cosa stesse realmente accadendo perché le loro menti non potevano comprendere tutti questi problemi.

È incredibile che gli assistenti sociali invece di rafforzare il rapporto tra genitore e figlio, lo rovinino! L'abuso dei bambini da parte dei servizi sociali ha un effetto dannoso sul loro benessere fisico, psichico ed emotivo e, di conseguenza, un effetto dannoso sul loro futuro. Nonostante tutte le violazioni, gli assistenti sociali continuano le loro pratiche senza alcuna responsabilità.

CAPITOLO CINQUE

FALSE ACCUSE E GIUDIZIO INGIUSTO CONTRO DI ME

Ricordo una volta quando un avvocato italiano mi Ha detto: ***"Molte persone innocenti sono in prigione".***
Sono rimasta sbalordita da quello che ho sentito. Non avrei mai immaginato che la fine della mia storia potesse essere una tale tragedia incentrata su queste parole.

Non tutti coloro che vengono puniti sono veramente colpevoli. Ci sono vittime che non meritano di essere punite perché non hanno nulla a che fare con le scene legali e ci sono vittime in tenera età.

Nel 2009 l'ex responsabile dei Servizi Sociali Federica Anghinolfi, che è uno dei protagonisti indagata per una serie di reati contro bambini e genitori nell'indagine su "Angeli e Demoni", ha deciso che le mie figlie non potevano essere riportate a casa mia o dai loro nonni e non sarebbero stati organizzati altri incontri. e non verranno organizzati altri incontri.

A quel punto sono diventato insistente, sfinito da questa feroce calunnia che mi ha fatto ribollire il sangue e mi ha fatto sembrare una persona completamente diversa dalla realtà. Per questo mi sono arrabbiato con gli assistenti sociali; Mi sono presentato agli uffici pubblici per protestare e ho fatto lo sciopero della fame. Certo, questo non ha aiutato il mio caso, ma non avevo altri rimedi perché quello che stava succedendo era assurdo e distruttivo.

Successivamente è successo qualcosa di strano che ha cambiato tutto: sono stata accusata di aver abusato delle mie figlie e di averle fatte prostituire. Quando, però, dal 2006 al 2009 nessuno parlava di abusi sessuali. Hanno parlato solo di incapacità genitoriale!! Questa è stata la prima accusa ingiustificata.

Le cartelle cliniche smentiscono la falsa denuncia

la psicologa Valeria Donati e Federica Anghinolfi hanno affermato davanti all'autorità giudiziaria che le ragazze avevano denunciato che io le avevo costrette a prostituirsi, questo fa parte della loro denuncia: ***"Le ragazze sono state sottoposte ad atti di violenza sessuale, compiuti per penetrazione vaginale di un duro- mezzo elastico e con l'uso della forza fisica"*** quindi gli assistenti sociali hanno bloccato tutto, sospendendo gli incontri madre/figlie protetti.

Tutte queste false accuse sono emerse dal nulla solo dopo quattro anni! Visto che le ragazze non ne avevano mai parlato prima, e tuttavia, gli stessi referti medici **del 2006** NON SEGNALANO ALCUNA VIOLENZA SESSUALE SUBITO; all'ospedale di Guastalla, i medici hanno affermato che le mie figlie non hanno riportato lesioni riconducibili a maltrattamenti di natura sessuale, e non hanno subito violenze sessuali. Quindi, Le cartelle cliniche hanno confermato che: **"ENTRAMBE I GENIALI SONO INTATTI"**– e dal 2006 le mie figlie non vivono con me; sono stati strappati dagli assistenti sociali e non sono più tornati a casa mia. Allora come possono essere vittime di abusi sessuali **nel 2009**?!

Nessuno ha mai parlato o fatto riferimento ad abusi sessuali, ma quando ho iniziato a esercitare pressioni per riavere le mie figlie, a questo punto, sono stato accusato in modo oppressivo di maltrattamenti che non erano mai accaduti da parte mia. E ancora, come potevano subire abusi sessuali, mentre i certificati medici del **2006** confermavano: **che "le parti genitali delle ragazze sono integre!?"**

Questi referti medici sono prove evidenti che sollevano seri dubbi sull'integrità dei giudici che mi hanno condannato ingiustamente per crimini che non avevo commesso. Questo caso mette in evidenza le questioni relative alle condanne illecite di molti genitori in carcere in tutto il paese.

Un'altra cosa deve essere presa in considerazione, quattro anni dopo aver fatto il lavaggio del cervello alle mie figlie facendole credere di aver subito abusi, quattro anni dopo dozzine e dozzine di sessioni private non registrate per creare effetti negativi su di loro e dare loro suggerimenti impropri, quattro anni dopo aver cambiato il loro ricordi, rovinando i loro sentimenti e rovinando la mia reputazione ai loro occhi.

Dopo tutto, hanno detto che le ragazze hanno detto di essere state maltrattate!! Era un'ironia crudele e un nuovo episodio assurdo! Era la voce della beffa, l'atto di criminalità! Questo non è solo al di fuori della legge, ma anche al di fuori della logica e della mente.

Non è stato costruito su basi scientifiche. È stato costruito sulla falsità e sull'inganno, perché sono davvero grandi persone ingannatrici-le loro teste contengono ogni sorta di male: "Hmm, se non accusiamo i genitori, come possiamo rapire i bambini, come possiamo venderli e come possiamo facilmente fare fortuna?"

È ovvio che il loro io interiore rappresenta ciò che realmente sono all'interno. I loro scopi, i loro valori, le loro visioni, le loro motivazioni, i loro obiettivi e le loro convinzioni sono FALSI. Tutto è FALSO: a tali opportunisti viene data la possibilità di PROTEGGERE i bambini! Tempesta di bugie e atroci crudeltà!

Era anche al di fuori dell'umanità, strappando le mie figlie, strappandomi il cuore e, dopo, accusandomi falsamente. Questo era un piano per vendere le mie figlie in adozione. Queste persone responsabili, invece di aiutare me e le mie figlie, ci hanno distrutto. Ero stato gettato nel sistema giudiziario penale e mi sono ritrovato in "sei colpevole".

Ho lottato con profonda ansia, paura e disperazione. Un sentimento di intensa ingiustizia mi pervase e cominciò a opprimere e torturare il mio cuore. Avevo ormai raggiunto un tale livello, e avevo preso una forma così definita, che non sapevo cosa fare di me stesso per sfuggire al mio grande dolore.

Non sapevo come resistere a questa ingiustizia. Non sapevo come combattere questa oppressione. Ho combattuto per affrontare una guerra senza fine. Ho fatto tutto il possibile, ma era inevitabilmente destinato a fallire.

Immagina come gestiresti l'allontanamento dei tuoi figli e il dover affrontare false accuse a cui non hai fatto ricorso!

Nulla dovrebbe essere introdotto come prova a meno che non sia provato e documentato. Sono in gioco le nostre vite, e questo non è il luogo per dicerie e supposizioni. Non è bastato a loro privarmi delle mie figlie, e il dolore e il lutto in cui vivo, mi hanno anche accusato e condannato ingiustamente.

Il giudice mi condanna nonostante la mia innocenza

Un giudice può emettere un decreto di carcerazione contro un innocente, così come si lavano la faccia al mattino, e questo perché un'accusa viene avanzata dagli assistenti sociali, non importa se falsa.

In effetti, molti assistenti sociali sono amici dei giudici; Ne ho visti alcuni con i miei occhi seduti in un caffè di corte, scherzando e ridacchiando, forse tra queste battute c'era un gongolare per le persone sfortunate che erano state condannate ingiustamente.

Il giudice Andrea Scarpa, presso il Tribunale Penale di Bologna, mi ha condannato a 8 anni in contumacia senza alcuna prova, proprio perché gli assistenti sociali che mi hanno accusato erano loro amici. Hanno deliberatamente distrutto le prove dei crimini degli assistenti sociali. Mi è stato impedito permanentemente di vedere le mie figlie e di avere notizie importanti su di loro.

Di fronte a questi assurdi abusi, ho presentato diverse denunce al parlamento italiano, alla corte di giustizia di Roma, all'ambasciata italiana a Rabat, al ministero degli Affari esteri in Marocco e alla corte dei diritti umani dell'UE a Strasburgo. Molti giornali hanno scritto di questi eventi.

Il fatto che tutti i processi e i diritti umani siano violati e manipolati da giudici di corte, servizi sociali, psicologi, psichiatri ed educatori corrotti, che ci incriminano, falsificano documenti e giacciono in tribunale.

Gli assistenti sociali possono mentire e produrre prove e sono immuni dall'azione penale. Non hanno supervisione, responsabilità o conseguenze. Nel mio caso mi hanno accusato falsamente perché intendevano giustificare il rapimento e l'adozione delle mie figlie. Volevano che i miei diritti genitoriali venissero aboliti e che avrei potuto non rivedere mai più le mie figlie . I fatti duri e freddi sono queste situazioni che hanno distrutto le nostre vite.

In attesa che gli assistenti sociali e gli psicologi che cerchino di inculcare nelle menti innocenti dei piccoli che sono stati maltrattati dai genitori, ogni minimo pretesto diventa prova di abusi mai verificatisi, e da innocenti fogli bianchi costruiscono castelli di carta abitati da mostri creati ad arte. Le storie sono create per fare soldi sulla pelle dei bambini e portare avanti una battaglia in nome di un'ideologia malata.

È così che i "demoni" dei servizi sociali della città di Reggio Emilia, hanno istituito il sistema dell'affidamento illecito e dell'adozione illecita delle mie figlie e degli altri bambini.

A quei giudici che ingiustamente mi hanno privato delle mie figlie e mi hanno condannato al carcere:
Avete capito cosa succede a Bibbiano (Reggio Emilia)? Avete capito che l'ex responsabile dei servizi sociali, Federica Anghinolfi, che mi ha accusato e venduto le mie bambine, era il capo della banda? Avete capito che sottraggono i bambini alle loro famiglie, accusando i genitori di abusi inventati da zero, e danno i bambini in affido a sexy shop e coppie gay?

Avete capito che li sottopongono a scosse elettriche per manipolare i loro ricordi?
Chi ha falsificato i disegni per suffragare le accuse?
Chi non ha consegnato lettere e regali dati dai genitori naturali ai bambini?

Avete capito che il PD è solidale con il sindaco arrestato? Avete capito che per 20 anni, senza che nessuno muovesse un dito, migliaia di bambini hanno subito il lavaggio del cervello, sottratti alle loro famiglie, tenuti in affido e sottoposti a un circuito di cure private a pagamento?

Avete saputo che la psicologa Valeria Donati, che mi ha accusato e ha adottatolei stessa mia figlia minore, è coinvolta in gravi reati su figli e genitori?

Avete saputo che i soldi incanalati alle municipalità e ai servizi di protezione dell'infanzia, in realtà incoraggiano questa banda ad accusare i genitori di abusi sui minori e persino di omicidio, e ad allontanare i loro figli, anche se non c'è assolutamente alcuna prova che i genitori gli abbiano fatto del male?

O giudici, voi tutto questo lo sapete benissimo, ma ancora pronunciate sentenze ingiuste perché siete coinvolti con loro in questi delitti; molte prove dimostrano che, e ad esempio questo reportage, fornito dal Tgr dell'Emilia Romagna:

"Nuovi elementi sconvolgenti sono emersi nell'indagine sugli arresti domiciliari in provincia di Reggio Emilia.
Secondo la quale l'ex dirigente e assistente sociale dei servizi sociali del sindacato Val d'Enza, Federica Anghinolfi e Francesco Monopoli, avrebbe addirittura fatto credere ad altri operatori che in provincia di Reggio Emilia esistesse una rete di pedofili che praticavano riti, omicidi e persino cannibalismo rituale. Pertanto, i bambini a rischio hanno dovuto essere allontanati dalle loro famiglie anche a costo di falsificare le segnalazioni su di loro.
Questo quadro macabro emergerebbe dagli interrogatori a cui sono stati sottoposti gli assistenti sociali: si trattava, nello specifico, di un'organizzazione molto potente che comprendeva anche MAGISTRATI, forze dell'ordine, professionisti. Qualcosa di sconcertante che ha sconvolto il Paese e non solo".

L'intero processo di adozione illegale è controllato direttamente dallo Stato (Giudici e magistrati per i minorenni) e dalla pubblica amministrazione/servizi (ASL, CIM, assistenti sociali, psicologi, psichiatri ecc.)

La falsificazione di un documento viene solitamente eseguita in connessione con obiettivi criminali più ampi; una persona deve aver agito con intento criminale.

Quindi gli assistenti sociali e i loro psicologi hanno agito con l'intento di ingannare me e le mie figlie . Hanno usato dichiarazioni fabbricate per influenzare le convinzioni di un bersaglio considerandomi un criminale. Nessuna prova convincente è stata presentata alla corte!

L'ammissione delle prove ai sensi dell'art. 261 c.p.c, è infatti lasciata dall'inizio alla pronuncia definitiva. La sentenza è, quindi, erronea perché basata su frode e fondamenti errati e per aver respinto con insufficiente motivazione l'ulteriore ammissione di prove logiche e visite mediche del 2006.

Mi sono lamentato contro dei professionisti che aggrediscono me e le mie figlie per tutti i loro comportamenti fraudolenti che hanno violato una serie di diritti umani:

La responsabile del CAB **VALERIA DONATI**, l'Educatrice **CHIARA RABBONI**, la psicologa - Psicoterapeuta **DANIELA CASSANELLI** del Servizio Sociale "Istituzione Cenacolo Francescano" di Reggio Emilia, oltre a **FEDERICA ANGHINOLFI** ed **ELISA SANTACHIARA** del Servizio Sociale del Comune di Reggio Emilia "Area Servizi alla Persona - Servizi Sociali Territoriali - Polo 3", il Giudice Relatore **FRANCESCA SALVATORE** del Tribunale per i Minorenni di Bologna, Il giudice, **ANDREA SCARPA**, del tribunale penale di Bologna, nonché nei confronti di tutti i professionisti/operatori/
Enti che si sono occupati della vicenda e sono stati responsabili **per i reati**:

***Arte. 481 c.p. Falsità ideologica certificai commessa da persone esercenti un servizio di pubblica necessità:**
*** Arte. 374 bis c.p. False dichiarazioni all'autorità giudiziaria.**
*** Arte. 323 c.p. Abuso d'ufficio.**
*** Arte. 368 c.p. Calunnia.**
*** Arte. 643 cp Circonvenzione di incapace.**
*** Arte. 416 c.p. Associazione per delinquere.**
*** Arte. 81 c.p. Continuazione.**
*** Arte. 110 c.p. Concorso di persone nel reato.**

E per tutti quei reati che si potranno essere avvisati nei fatti come in narrativa esposti. Questi gravi crimini sono indicativi della loro aggressività e della degenerazione dei loro motivi di dominio, perversione, corruzione, diffamazione, schiavitù del denaro e tradimento dei gente.

acquisisco un'indagine dil mio caso nel tribunale per i minorenni di Bologna oltre che del tribunale penale, e soprattutto chiedo che il mio fascicolo e quello dele mie figlie e, i fascicoli degli assistenti sociali e i nastri del tribunale siano inseriti nelle indagini, nonché i referti medici dle mie figlie in modo che nessuna manomissione di questi documenti possa essere effettuata da tali istituzioni.

CAPITOLO SEI

ORGANIZZAZIONE DELINQUENTE MI ACCUSA E POI ADOTTA LE MIEI FIGLI

Valeria Donati, Federica Anghinolfi / La terribile verità di questi personaggi

Tra le persone che mi hanno accusato ingiustamente e hanno abusato delle mie figlie, l'ex capo dei servizi sociali Federica Anghinolfi, coinvolta nello scandalo di 'Bibbiano', ed La psicologa Valeria Donati che ha sottoposto gli ex bambini della Bassa modenese a psicoterapia – allontanati in tenera età dai genitori indagati per **pedofilia** e che oggi smentiscono di aver **mai subito abusi**. Solo oggi alcuni di quei bambini, ora adulti, hanno trovato il coraggio di dire pubblicamente che non furono mai vittime di abusi.

Com'è possibile che una donna che mi accusa e adotta la mia figlia?! La psicologa Valeria Donati lavorava per la comunità "Cenacolo Francescano" ed era responsabile del centro di assistenza all'infanzia di Reggio Emilia, insieme a Federica Anghinolfi, hanno distrutto la mia vita e la vita dei mie figlie. Donati, dopo avermi accusato ingiustamente, ha adottato mia figlia minore, che tuttora vive con lei. Mia figlia maggiore, invece, è stata adottata da una coppia di conoscenti di questa psicologa.

Ho bisogno di sapere quale legge può consentire a un tale psicologa di praticare comportamenti dannosi nei confronti di me e delle mie figlie; come il tribunale per i minorenni può consentirle di adottare mia figlia dopo che ha scritto false denunce contro di me. Com'è possibile che qualcuno che ha mandato la madre in prigione adotti sua figlia?

Non è un reato molto grave per un minore?! Non sono questi crimini atroci contro le famiglie? Dov'è il ruolo dell'autorità che pretende di tutelare il minore? Dov'è il ruolo dei funzionari che dicono sempre che il bambino ha la priorità? Queste flagranti violazioni dei diritti umani esprimono palese complicità e conflitto di interessi a spese dei deboli.

Da madre privata dei suoi figli e ingiustamente accusata, chiedo un intervento urgente contro questa psicologa che ancora oggi si rifiuta di interpretare il suo comportamento sbagliato. Quando la stampa le ha chiesto di giustificare l'adozione di mia figlia e di spiegare le false accuse contro di me, ha risposto: "Queste questioni sono private e non sono in grado di rispondere" Come è stupido questo!

Come si rapisce le figlie delle persone e si dice che queste sono cose personali? Come può essere personali?

Sei stato tu a portare le mie figlie, ogni una, nove mesi nel tuo grembo? Sei tu quello che ha sopportato i dolori del parto per vedere la gioia nei loro occhi? Sei tu che hai allattato le mie figlie, ogni una, per due anni consecutivi?

Sei tu quello che è rimasto sveglio lunghe notti per il loro comfort quando erano bambini?

Come puoi dire che queste sono cose PERSONALI?

Vergogni! Dov'è la tua coscienza e dov'è la tua umanità?! Stai sminuendo la legge dicendo così. Ti stai svendendo come psicologa e criminalizzi anche la psicologia. Questo è il momento di alzare il sipario su tutte le tue azioni criminali. Gli atti vergognosi che tutti voi avete fatto contro le mie figlie per sedici anni devono essere respinti e dovete essere perseguiti.

È assolutamente necessario che io abbia l'opportunità di comunicare con le mie figlie in modo che possano conoscere la verità. Per il bene dele mie figlie che hanno tanto sofferto, l'autorità competente dovrebbe prendere atto degli abusi commessi contro di loro e contro di me.

Le mie figlie sono privati della serenità e costretti a vivere con coloro che inconsapevolmente hanno spezzato la loro vita. Gli fanno credere che li stanno proteggendo da me, mentre sono loro che rendono la vita delle mie figlie un inferno.

Non mi permettono nemmeno di contattare le mie due figlie anche se ormai sono adulte, e di condurre una vita normale con loro; hanno anche interrotto la comunicazione attraverso i social media, facendo pensare a queste bambine che sono io quella che le ha abbandonate e che sono io quella che le ho danneggiate.

La psicologa Donati sta ancora facendo di tutto per tenere le mie ragazze lontane da me. Tutto questo per fare in modo che le mie figlie non comunichino con me e per mantenere per sempre la separazione tra i bambini e la madre. Questa madre che ha sacrificato tutto per riaverle, e sta ancora lottando per loro.

La psicologa Valeria Donati è coinvolta in Diavoli della Bassa modenese, o **pedofili della Bassa modenese**, il Tribunale riapre il processo:

*"20 anni dopo, il Tribunale di Modena ha riaperto le indagini sulle accuse che **la psicologa Valeria Donati** ha instillato nella mente dei bambini, nella Contea di Mirandola di Reggio Emilia, che si è rivelata proprio quel falso ricordo, si è impossessata della mente dei bambini dopo che erano hanno subito il lavaggio del cervello, per ammettere in tribunale di essere stati abusati fisicamente, psicologicamente e sessualmente dai loro genitori.*

Di conseguenza, alcuni dei genitori furono imprigionati ingiustamente, alcuni morirono per soffocamento e altri si suicidarono. Nel 1998 Donati ha accusato falsamente più di 20 persone di appartenere a una setta di molestatori di bambini e satanisti che avrebbe abusato sessualmente, fisicamente e psicologicamente di sedici minori, in casa e nei cimiteri della zona. Tutti i bambini sono stati allontanati dalle loro famiglie e nessuno è tornato, è stata lei a far parlare i bambini di rituali oscuri e pratiche demoniache. L'indagine del processo ha dimostrato che non c'erano rituali satanici, né omicidi. Si presumeva anche che i metodi di interrogazione dei bambini portassero a credere in questi falsi ricordi."

I giornalisti investigativi Pablo Trincia e Ravanelli hanno incontrato alcuni bambini che ora sono adulti e con cui lo psichiatra Donati ha pasticciato quando erano piccoli. I giornalisti hanno confermato che: "Abbiamo appreso che la suggestione può far nascere nel tempo ricordi falsi, indelebili, difficili da distinguere ricordi veri anche dopo che il tempo è passato, a volte crescono credendo di essere state davvero vittime di violenze sessuali"

Secondo i dati forniti dal giornalista Pablo Trincia, il Centro di assistenza all'infanzia Valeria Donati riceve mensilmente, per ogni bambino seguito, tra 1.032 e 1.400 euro, In 10 anni ottiene 2.209.400 euro netti di denaro pubblico. "È chiaro che è stata creata una vera e propria organizzazione criminale, che opera indisturbata da anni e ricava profitti ingiusti dalla pelle delle persone.

Tale comportamento dovrebbe essere punito secondo le disposizioni dell'articolo 416 cp del codice penale italiano per il reato di formazione di un'organizzazione criminale, in quanto poste in essere attraverso una struttura organizzativa, tale da poter disporre dei mezzi necessari per la realizzazione del programma criminale o la prefigurazione di una serie indeterminata di reati.

Il reato in esame è un reato permanente, che si commette quando nasce una società di persone concretamente in grado di turbare l'ordine pubblico, oppure quando la struttura organizzativa assume caratteristiche quali tale pericolosità.

L'allontanamento di tutti quei bambini tra il febbraio 1997 e il novembre 1998 è stata la conseguenza di una serie di palesi errori di valutazione da parte dei servizi sociali e degli organi investigativi, coadiuvati dalla psicologa Valeria Donati e dai suoi colleghi. Presumevano di aver scoperto un gruppo di genitori pedofili, cosa che si è rivelata falsa; di conseguenza, hanno distrutto i membri di intere famiglie.

Diversi genitori, accusati ingiustamente, sono stati condannati a una reclusione compresa tra quattro e tredici anni, altri avevano anche perso la potestà genitoriale sui propri figli e altri hanno perso la vita; una madre, di nome Francesca, si è suicidata dopo aver scritto su un pezzo di carta: «Sono innocente. Rivoglio solo mia figlia». Un padre, Don Govind, è morto di infarto nello studio del suo avvocato, quando ha saputo di essere stato condannato.

Arriva in televisione una di queste brutte storie di accuse inventate di pedofilia, di Valeria Donati, che distrussero tante vite nella città della bassa modenese, capitata alla Rai dovuta durante la trasmissione "I Fatti Tua", così:

"La trasmissione di Michele Guardì condotta da Giancarlo Magalli racconterà cosa è successo tra Massa Finalese e San Felice. Una storia surreale e folle in cui intere famiglie sono state distrutte e ancora piange coloro che sono morti di crepacuore per le false accuse. L'ospite dello spettacolo è mamma Lorenza Covezzi, la protagonista di questo incredibile dramma. Il pezzo raccontava la storia di Lorena Morselli, insegnante del manicomio di Massa Finalese, in provincia di Modena, sopravvissuta a un'interminabile vicenda giudiziaria, in cui era stata accusata di abusi

rituali satanici e violenze sessuali ai danni dei suoi quattro figli che non vedeva da quando erano piccoli.

La sua storia era inquietante. All'alba del 12 novembre 1998 i carabinieri si presentarono a casa sua con il marito Delfin Covezzi, con decreto di espulsione dal Tribunale per i minorenni di Bologna: una nipote di otto anni seguita dai servizi sociali li fece accusare di essere complici di un setta di depravati assassini che di notte portava i bambini di Massa nei cimiteri della zona, per violentarli, venderli a una banda di pedofili e farli partecipare a sacrifici umani. Una storia dell'orrore di cui non avevo mai sentito parlare, in una provincia fatta di campi, strade secondarie, cascine, trattorie e cascine abbandonate, dove a quanto pare non è mai successo niente. Dopo aver ascoltato attentamente il bambino, gli psicologi e gli assistenti sociali di Mirandola avevano subito allertato le autorità di salvare anche i figli di Lorena e Delfino Covezzi: Veronica, undici anni. Pietro, nove. Federico, sette. Aurora, tre. Erano stati svegliati del tutto e portati via nel giro di poche ore. Per evitare che venissero portati via anche il suo quinto figlio, aveva in grembo, Lorena era scappata per partorire all'estero ed era lì nascosta con il suo bambino in un piccolo paese della Provincia. Lo stesso posto da cui ha risposto al telefono, poco dopo aver letto l'articolo e aver trovato il suo numero. La donna aveva un marcato accento della Bassa modenese, però, sostenuto da parole e intercalari francesi che ora usava quando era assorta nei suoi pensieri: oui, voilà, bon, donc, mais non! attendez, alors, d'accord. La sua storia non è stata sempre lineare. A volte somigliava di più al volo irregolare e storto di una farfalla. Ogni tanto, mentre raccontava, si ricordava di un episodio, ea quel punto abbandonava un ricordo per seguirne un altro, apriva parentesi senza chiuderne e perdeva il filo. Dopodiché, ridacchiando imbarazzata, riprese da un "beh, donc, dove eravamo rimasti?" Quando il discorso cadde sui suoi figli, si mosse, e le frasi finirono in un singhiozzo strozzato.

Dopo la partenza, i tre figli più grandi hanno confermato la testimonianza della cugina, accusando Lorena di crimini feroci: violenza psicologica, sequestro di persona, stupro e omicidio brutale nei cimiteri, dove lei e suo marito li avevano costretti ad assistere a ogni tipo di reato, costringendo loro di partecipare attivamente in più di un'occasione. Una volta soccorsi dagli assistenti sociali e dalle autorità, i suoi figli avevano ricostruito le loro vite in altre famiglie, e crescendo erano convinti che i genitori dovessero pagare con il carcere tutto quel male. Da quella mattina d'autunno del 1998, non avevano più voluto sapere nulla di lei.

I coniugi Covezzi erano stati condannati a dodici anni in giudizio primario, poi assolti nel dicembre 2014 dopo lungo tempo il procedimento giudiziario. Ma Delfino non aveva mai visto la fine del processo. È morto per un infarto l'anno precedent.

Non sapevo se crederle Quella di Lorena era una storia piena di lacune e lati oscuri. Perché i suoi figli avevano detto quelle cose su di lei? Ero confuso, sia come giornalista che come padre. Lorraine, mi spiegò che erano stati gli psicologi ad aver infilato quelle storie nella testa dei bambini, pilotandole contro i loro genitori. Ma davvero le donne professioniste potrebbero fare storie così orribili e convincere i più piccoli a ripeterle? Allora perche? E se lo fosse stata? hai una doppia anima? - I servizi sociali non hanno preso solo le mie figlie , ha detto. - Tra il 1997 e il 1998 nei due borghi di Massa Finalizza e Mirandola- ne aveva allontanati quattordici... no, scusate... quindici anzi sedici, tutti da famiglie accusate delle stesse cose".

Violenza sui minori di Donati e delle sue colleghe

C'è sono dei bambini a cui è stata rovinata la vita perché strappato ai genitori, ci sono mamme e papà che non hanno più visto i loro figli, nonne che non hanno visto crescere i nipoti, fratelli che si sono persi per sempre. È un danno esistenziale enorme, si può parlare di violazione dei diritti umani. Con riferimento all'articolo apparso il 14 giugno 2021 su "La Repubblica" dal titolo **"Veleno"**, parla il **"bambino zero"** Davide, oggi 31enne: ***"Erano tutte bugie, fui costretto a inventare gli abusi sessuali*** **e riti satanici''.**

Valeria si è licenziata per paura di essere uccisa perché alcuni ragazzi vittime della bassa modenese la stanno minacciando di morte, ***"Ho fatto il mio dovere ora non lavoro più e ricevo minacce di morte".*** Ha detto Donati.

Dato che sono una mamma, Donati ha oppresso le mie figlie e me non ho capito il suo discorso; come può essere la distruzione di intere famiglie un dovere della psicologia? Che giustizia sarà fatta quando l'ingiusto sarà il giudice e lui stesso il carnefice?!- In un tribunale fondato sull'ingiustizia, il giudice svolge contemporaneamente il compito di giudice e di carnefice.

Tra gli ex bambini della Bassa Modenese - allontanati in giovane età dai genitori indagati per abusi sessuali su minori e che oggi negano di aver subito abusi, La ragazza **Marta** ora è adulta. E nella sua intervista al giornalista **Bruschi Viviana** ha affermato quanto segue:

"NOI, PLAGIATI PER INVENTARE ABUSI". MARTA: COSI' FUI STRAPPATA A MAMMA"

Marta, perché ha inventato di aver subito abusi?

"Ero piccola all'epoca, avevo otto anni. Le psicologhe dei servizi sociali dell'Ausl di Mirandola ci sottoponevano a veri e propri interrogatori per incastrare i presunti pedofili, tra cui i nostri genitori. Sono più che convinta di essere stata manipolata, di aver raccontato bugie come tanti altri bimbi".

Dei sedici strappati alle famiglie, quattro hanno ritrattato, compresa lei. Altri lo faranno?

"Spero di sì, la verità deve avere la vittoria sulla menzogna. Ma bisogna avere coraggio e soprattutto aver elaborato quanto accaduto. Non è semplice emotivamente, è un processo lungo, a volte richiede una vita intera. Capisco quanti di noi non sono ancora stati in grado di fare questo passo".

Cosa ricorda di quel periodo lontano da casa?

"Che la psicologa Valeria Donati e altri psicologi dell'Ausl parlavano per ore con noi bambini di messe nere al cimitero e di riti pedopornografici che don Giorgio Govoni avrebbe compiuto al cimitero di Massa Finalese, nella Bassa modenese. Noi bambini venivamo incalzati a raccontare, e alla fine, penso, ci siamo immedesimati nei racconti noir".

Racconti fatti da chi?

"Da qualche bambino, uno dei quali ha ritrattato mesi fa. La pressione psicologica era tale che ci siamo calati nel ruolo inconsapevole di vittime. A distanza di tempo capisco che questa storia è stata inventata a tavolino".

Per quale ragione?

"Questo non lo chieda a me, la risposta non ce l'ho. Ma sono disposta a fare il mio dovere di cittadina davanti al giudice nell'ipotesi si riapra il caso, perché intere famiglie sono state distrutte, sono morte di dolore tante persone. Chi ha sbagliato deve pagare".

Sonia, che come lei ha ritrattato, è stata l'unica a chiudersi nel silenzio durante quegli anni. Si è chiesta il perché?

"Penso sia stata la più forte di tutti noi, che ci siamo fatti manipolare. La stimo molto, avrei voluto fare la stessa cosa. Per anni ho avuto dubbi, confusione, e lentamente è emersa dentro me la verità. Non ero mai stata abusata".

Cosa ricorda della sua infanzia prima dell'allontanamento?

"Il mio bellissimo rapporto con la mamma. A quel tempo faceva le pulizie nelle case per mantenere me e mio fratello, e spesso l'accompagnavo. Portavo la cartella per fare i compiti. Un giorno mi hanno portata via di casa. Il ricordo è vago: so che la tenevo talmente stretta che un poliziotto ha dovuto separarci con la forza".

Federica Anghinolfi: Coinvolto in Affidamenti illeciti

Se torniamo indietro, troviamo un punto di contatto tra la mia storia, il rapimento delle mie figlie da parte degli assistenti sociali nel 2006 e l'indagine su "angeli e demoni" che ha portato allo scandalo delle adozioni illegali. Anghinolfi, l'ex responsabile dei Servizi Sociali, che ha venduto le mie figlie e ha scritto una denuncia accusandomi di averli abusati, è in realtà una delle protagoniste dell'indagine sul caso Bibbiano, coinvolta in numerosi reati contro bambini e famiglie, È considerata dalla magistratura una figura centrale nell'indagine sulla presunta custodia illecita in questo scandalo.

Federica Anghinolfi è stata licenziata dal lavoro e non lavora più come responsabile dei servizi sociali. Il provvedimento disciplinare è stato adottato dall'ufficio che ha il servizio dei provvedimenti disciplinari convenzionati per l'ente di Reggio e che aderisce al sindacato dei comuni della Emiglia Romagna.

Negli atti di indagine sono citate 50 delle 108 accuse su Anghinolfi tra cui: false segnalazioni, depistaggio, violenza privata, truffa aggravata, frode procedurale, falso ideologico, pressioni psicologiche, peculato d'uso, abuso d'ufficio, falsificazione di documenti, abusi su minori , lesioni personali molto gravi, false accuse ai genitori di allontanare i propri figli, manipolare le parole dei bambini per ammettere di aver subito abusi da parte dei genitori, cosa che di fatto non è avvenuta, con ipotesi per vari reati a suo carico.

L'inchiesta è stata redatta dalla Procura che ha coordinato l'attività investigativa della Polizia di Reggio Emilia. Anghinolfi, il cui nome compare ancora sulle pagine dei maggiori giornali italiani, avrebbe dato molti bambini in adozione a beneficio delle coppie gay per rafforzare il suo rapporto con loro.

Anghinolfi ha parlato in più occasioni della sua omosessualità e non si vergogna a dirlo. Ha anche confessato di aver abusato dei bambini dicendo: ***"Quello che ho fatto è quello che ho fatto, non ho fatto cose buone, stavo facendo quello che l'istituzione mi chiedeva di fare."***

Queste e altre dichiarazioni rilasciate dalla donna alla giornalista Carlotta Deiss nel gennaio 2020, In un servizio preparato per il programma Foro Dal Coro, condotto da Mario Jordano, ed è andato in onda su Riti Quattro il 21 gennaio 2020.

A luglio 2017 Anghinolfi era ossessionato dall'accusa di violenza sessuale ai genitori, interrogato da Simona Piggy, sindaco di Bibiano, Anghinolfi Ha detto: " ***La violenza si trova ovunque, mi sveglio alle tre, capisco che si tratta di lavoro, troppi abusi sessuali su minori, troppa violenza nelle relazioni, mi sveglio, come se cercassi un sollievo***". Il suo attribuire la colpa ai genitori era praticamente una confessione di colpa e un tentativo di essere al di sopra di ogni sospetto.

Nonostante la disinformazione, la sua vicenda è stata svelata nel giugno 2019, nello scandalo di Bibbiano, è stata una delle protagoniste della cosca arrestata, dove bambini sottratti ai genitori biologici e affidati alle famiglie affidatari o adottati in cambio di denaro, figli sono state vittime di un vero lavaggio del cervello, con folgorazione per confondere i loro ricordi fino a quando non credono di essere stati abusati sessualmente dai loro genitori.

Anghinolfi faceva pressioni sugli assistenti sociali perché scrivessero false notizie: nell'intervista un'assistente sociale di nome Cinzia Magnarelli, che è una di quelle arrestate nello scandalo, ha confessato durante l'interrogatorio del giudice Luca Ramponi, dicendo: "Io stava falsificando i verbali per convincere il Tribunale per i minorenni a sottrarre i bambini alle famiglie." I bambini sono oggi al centro delle indagini, considerati vittime di abusi. Nella sua confessione, la Magnarelli ha parlato delle pressioni dei suoi superiori e ha accusato Federica Anghinolfi, l'ex direttore.

Anghinolfi ha affidato una ragazza a un omosessuale che ha abusato della ragazza, e le intercettazioni hanno rivelato dettagli orribili su come gli assistenti sociali sarebbero riusciti a strappare i bambini alle loro famiglie naturali e consegnarli ai delinquenti e ai malati di mente. Sono le stesse carte che parlano. E tutto è iniziato così:

"Merda, scendi! Scendi! Non ti voglio più! Non ti voglio più, scendi!" Questa è una delle intercettazioni di Daniela Bedogni e Fadia Basmajian, la coppia omosessuale coinvolta nello scandalo dell'affidamento . "Credi? Katia pensa così? Dai dillo! Porca puttana vai da sola a piedi"

Ad urlare è Daniela Bedogni. Ha urlato alla bambina che aveva preso in affido con Fadia Bassmaji. e lo fa perché la bambina non vuole, anzi, sarebbe meglio dire che non può, visto che le violenze non sarebbero mai avvenute e mai lei ha parlato di abusi subiti nella sua famiglia naturale. Poi, si legge sempre sui giornali, Daniela "butta la bambina fuori dall'auto sotto la pioggia battente".

Anghinolfi insieme al senatore del PD, al sindaco e ad altri mostri del sistema, portano a termine un piano diabolico degno dei peggiori criminali. Le vittime sono bambini, sono padri e madri. Intere famiglie distrutte solo per la sete di denaro e di potere da menti perverse e malate.

La cosa strana è come queste persone siano autorizzate a guidare i servizi per l'infanzia! Questo di per sé non espone la corruzione giudiziaria e la grave negligenza da parte del governo italiano?

Da molti anni la magistratura assume psichiatri, psicologi e assistenti sociali delinquenti. Inoltre stipula contratti con cooperative private, istituzioni affidatarie e famiglie affidatarie per colludere nello sfruttamento dei bambini. Scatenano il loro massimo male per soddisfare la loro infinita avidità.

CAPITOLO SETTE
BUSINESS CORROTTO LUCRATIVO

Rubare più bambini per ricevere più finanziamenti

I bambini sono diventati una fonte di profitto dove prosperano gli affari in carne e sangue umani. Il Dipartimento dei servizi di protezione dell'infanzia richiede molti bambini vittime a scopo di lucro. Per ricevere gli incentivi oi bonus per l'adozione, i servizi sociali locali devono avere più figli. Devono avere merce (figli) da vendere e devono averne molti in modo che l'acquirente possa scegliere.

L'adozione genera corruzione per diversi motivi. La richiesta di bambini da adottare mantiene alti i prezzi, creando un fertile terreno fertile per ogni tipo di attività illegale. Al giro d'affari di 5 miliardi di euro italiano all'anno per il traffico di minori si combinano normative molto lasche e una quasi totale assenza di sorveglianza, inganno, furto di bambini e ogni trasgressione immaginabile per ottenere figli per soddisfare la domanda.

Come se le coppie sterili e omosessuali che cercano di adottare non creassero abbastanza domanda, i servizi di protezione dell'infanzia sovrastimano intenzionalmente il numero di orfani che presumibilmente "languono" negli orfanotrofi per tirare le corde del cuore degli acquirenti al fine di aumentare i profitti. Il confine tra l'adozione legale e morale e l'attività criminale è nella migliore delle ipotesi sfocata.

In molti istituti affidatari la retta supera i 300-400 euro giornalieri per minore/bambino. I mentori onorari dei tribunali per i minorenni operano in apparente contraddizione professionale, come spiega il presidente della commissione d'inchiesta:
"Queste guide sono psicologi, pediatri, ginecologi, psichiatri, sociologi e assistenti sociali. Partecipano alle decisioni di allontanare i bambini dalle loro famiglie e allo stesso tempo hanno interessi economici negli istituti affidatari, nelle case famiglia e nelle cooperative che li accolgono."

Lo stato offre incentivi finanziari sotto forma di finanziamento quando i bambini vengono strappati alle loro case e dati in affidamento. La famiglia affidataria riceve una retribuzione giornaliera superiore a 150 euro per ogni accoglienza eterofamiliare, e gli istituti laici o religiosi ricevono un importo da 200 a 400 euro al giorno per ogni figlio: L'AFFARI che pretende OSPITALITÀ.

Gli psicologi che lavorano nei servizi sociali prendono fino a 135 euro a seduta e fingono sempre che il bambino abbia necessità mediche e/o richieda farmaci per ottenere più fondi.

Pertanto, i bambini in affido sono spesso costretti ad assumere più farmaci psicotropi. Psicologi e genitori adottivi ricevono denaro extra per "bisogni speciali" per i bambini danneggiati, tutti pagati dai comuni o denaro pubblico. E se il bambino viene adottato lontano dalla sua famiglia, vengono dati più soldi.

Il denaro va a decine di migliaia di dipendenti del sistema penale e professionisti collaterali: avvocati, personale giudiziario, investigatori del tribunale, valutatori, tutori, giudici, consulenti, terapisti, psicologi spazzatura, strutture residenziali, genitori affidatari, genitori adottivi, ecc.

Gli assistenti sociali e i giudici minorili possono sempre nascondersi dietro una clausola di riservatezza per proteggere le loro decisioni e mantenere il flusso di fondi. La parte giudiziaria ottiene più finanziamenti gestendo più casi, quindi le condanne che vengono date con troppa superficialità sono il loro pane quotidiano.

Il finanziamento continua finché il bambino è fuori casa. I servizi sociali per l'infanzia funzionano con un sistema di incentivi per quote/bonus; più figli vengono allontanati dai genitori; più finanziamenti ottengono i servizi sociali. Di conseguenza, la distruzione di massa ha dilaniato bambini e famiglie.

Incaricati dal governo locale, questi programmi hanno lo scopo di fornire una rete di sicurezza sociale per i nostri bambini e anziani e un deterrente alla violenza domestica, ma invece sono diventati un mezzo attraverso il quale i servizi di protezione dell'infanzia traggono grandi profitti.

In cambio della fornitura dei servizi, il governo locale li rimborsa per il costo molto più del costo di quel servizio. In quanto tali, questi servizi di protezione dell'infanzia si trovano fortemente tentati di fornire un servizio in cui uno non è necessariamente giustificato (poiché i rimborsi crescono all'aumentare del numero di servizi resi). Sfortunatamente, la fornitura di servizi non necessari spesso finisce per devastare coloro che sono "serviti". '.

Il sistema intende disgregare e istituzionalizzare intere famiglie. È un gioco economico che si gioca in pieno giorno e in bella vista; senza timore delle sanzioni della Corte Suprema locale o della Corte Penale Internazionale.

Lo stato finanzia il sistema, ma il sistema è un affare corrotto. Non nel migliore interesse dei bambini. La situazione è diventata come un pesce grande che mangia un pesce piccolo e i genitori non sono in grado di fermarlo dall'oceano. Ogni giorno che passa significa che più famiglie e bambini vengono tenuti in ostaggio e le loro vite distrutte.

NON ci sono risorse finanziarie e NESSUN impulso reale per unire una famiglia e aiutarla a mantenerla unita; che l'incentivo per gli assistenti sociali a restituire i bambini ai genitori subito dopo averli presi è scomparso. Non seguono le linee guida che qualificano i bambini a stare con i loro genitori o parenti.

Corruzione e fine della potestà genitoriale

Li stanno escludendo utilizzando criteri diversi con le famiglie affidatarie o falsificando documenti per intrappolare i genitori e rimuovere i bambini senza un giusto processo o un vero scopo diverso dall'incriminare i genitori/i familiari e garantire che la famiglia non sia idonea.

Gli assistenti sociali sono spesso colpevoli di frode. Quando un genitore chiede assistenza, finge di aiutare e sostenere. Mascherano la loro verità con gentilezza; tuttavia, dietro le porte, tramano come indebolire e danneggiare le famiglie.

Fabbricano prove e cercano di porre fine ai diritti dei genitori. Usano furbizie e trucchi per rapire minorenni. I bambini vengono spesso e ingiustamente strappati ai genitori e dati in affidamento.

Questi criminali incalliti considerano i bambini una grande festa e una facile preda. Vogliono mangiarli tutti e divorarli tutti!

Il tribunale per i minorenni conferisce poteri illimitati agli assistenti sociali, demoni dell'umanità, il cui compito quotidiano è di incutere terrore nei cuori dei bambini e allontanarli dalle loro famiglie anche senza alcun motivo. Solo a scopo di lucro grazie agli incentivi dello Stato. Il prossimo passo nel processo è che gli assistenti sociali devono comparire in tribunale e dimostrare i loro casi. I giudici, che condividono questa enorme torta di denaro, consentono loro di falsificare documenti e di spergiuro che si verificano incessantemente.

Se la famiglia assume un avvocato, i crimini sono già iniziati con l'allontanamento illegittimo del bambino, e anche il miglior avvocato è incapace di fare nulla, allora la tempesta continua a infuriare senza sosta.

Questo sistema trasforma la guerra contro gli abusi sui minori in guerra contro i bambini ei genitori. La frode aumenta quando i genitori sono poveri e hanno avvocati nominati loro dal sistema giudiziario. In questi casi, gli avvocati incaricati non informano i genitori dei loro diritti né li difendono contro gli enti del servizio sociale.

Il sistema è impostato in modo da renderlo più redditizio, misurare il successo e i professionisti vengono premiati solo se il bambino viene rimosso e dato in affidamento. Gli avvocati nominati ottengono più paga più a lungo il processo continua. I giudici ottengono più finanziamenti gestendo più casi. Questo vale anche per i servizi di affido, gli assistenti sociali e i loro psicologi.

C'è un'enorme burocrazia composta da giudici, avvocati nominati dal tribunale, assistenti sociali, investigatori del tribunale, terapisti, psicologi, psichiatri, genitori adottivi e così via che si occupano dei bambini affidati allo stato per la loro sicurezza sul lavoro.

Le istituzioni dei servizi sociali e il sistema giudiziario per i minorenni in cui lavorano sono nascosti, auto-investigati ed esistono sotto leggi e limitazioni di persecuzione penale che violano le leggi e gli statuti della nazione. Si ripagano e possono agire senza limiti.

Questo squilibrio dei finanziamenti sta creando corruzione. La strategia monopolistica dei finanziamenti ottenuti da servizi sociali ingannevoli che si mettono in piedi per aiutare le famiglie, sta ora devastando le famiglie di tutta Italia. Non vengono ricompensati per preservare i diritti del bambino e del genitore o per assistere le famiglie e restituire loro il bambino quando è appropriato.

Questa mafia, finanziata dal popolo della nazione, sorride e ti rassicura proprio come le zanne di un leone sono prominenti– "Quando vedi le zanne del leone che spuntano, non pensare che il leone stia sorridendo".

Sappiamo tutti che il servizio sociale è istituito per le buone intenzioni di "proteggere" i bambini e riguardare gli individui e le famiglie per migliorare le prestazioni sociali e il benessere generale. È il modo in cui le persone svolgono i loro ruoli sociali e le istituzioni strutturali fornite per sostenerle. Tuttavia, i servizi sociali sono avvolti in altre istituzioni come strumento di punizione.

La loro missione è stata svalutata al punto da essere

avvolta nel mistero e nell'intrigo tra loro e le famiglie.

La tensione sta raggiungendo il suo massimo poiché hanno usato vari mezzi dannosi e abusivi per perseguire i propri interessi a spese dei più vulnerabili, maltrattando gli innocenti e causando sofferenze di lunga durata.

Gli assistenti sociali, infatti, sono aiutanti di affari lucrativi. Sono addestrati a gestire azioni malvagie, mischiare documenti di protezione con documenti avidi e mescolare sospetto con certezza. Di conseguenza, i genitori perdono la capacità di distinguere tra servizi sociali e bande criminali, tra verità e menzogna, tra giusto e sbagliato.

Il dovere primario del servizio sociale non è più quello di privilegiare l'interesse pubblico sull'interesse privato nell'ambito del rispetto della legge. È diventato incentrato sull'adulto a scapito dei bambini.

Il giudizio non è più basato su ciò di cui il bambino ha bisogno, con cui il bambino vuole stare o su cosa è veramente meglio per l'intera famiglia; è qualche adulto o burocrate che prende le decisioni, basandosi spesso su semplici dicerie senza mai consultare un familiare.

Ci sono alcune brave persone in queste istituzioni, ma temo che possano essere intimidite e costrette al silenzio. Pochi degli uomini e delle donne cosiddetti "onesti" combattono ancora contro questo sistema corrotto per proteggere i diritti dei bambini vittime innocenti, e altri sono presi di mira dal regime stesso per renderli impotenti, perché considerati un ostacolo al raggiungimento di obiettivi personali e interessi economici prima di tutto.

Tra i combattenti del sistema corrotto di protezione dell'infanzia c'è l'ex giudice minorile Francesco Morcavallo che ha rifiutato di applicare le ingiustizie e le violazioni dei diritti umani commesse dai suoi colleghi presso il tribunale per i minorenni della città di Bologna. È il tribunale dove il giudice Francesca Salvatore aveva rapito e venduto le mie due figlie.

Morcavallo è stato intervistato nel **programma televisivo 'Panorama'**. Ha esposto le tattiche pericolose e la corruzione aperta a cui aveva assistito come giudice nel tribunale per i minorenni. L'intervista è stata pubblicata su "il Desk quotidiano indipendenti", dal giornalista Maurizio Tortorella il 21 luglio 2019, come segue:

INTERVISTA A PANORAMA

"Sembra un uomo pensoso e forse triste, ***Francesco Morcavallo.*** *Se davvero lo è, il motivo è una sconfitta. Perché, malgrado una battaglia durata quasi quattro anni, non è riuscito a smuovere di un millimetro quello che ritiene un «meccanismo perverso» e insieme «il più osceno business italiano»: il troppo facile affidamento di decine di migliaia di bambini e bambine all'implacabile macchina della giustizia. Dal settembre 2009 al maggio 2013 giudice presso il Tribunale dei minorenni di Bologna, Morcavallo ne ha visti tanti, di quei drammatici percorsi che* ***iniziano con la sottrazione alle famiglie e finiscono con quello che lui definisce l'«internamento» (spesso per anni) negli istituti e nelle comunità governati dai servizi sociali****.*

Da magistrato, Morcavallo ha combattuto una guerra anche culturale contro quello che vedeva intorno a sé. Ha tentato di correggere comportamenti scorretti, ha cercato di contrastare incredibili conflitti d'interesse. Ha anche denunciato abusi e qualche illecito. È stato a sua volta colpito da esposti, e ne è uscito illeso, ma poi non ce l'ha fatta e ha cambiato strada: a 34 anni ha lasciato la toga e da pochi mesi fa l'avvocato a Roma, nello studio paterno. Si occupa di società e successioni. E anche di diritto della famiglia, la sua passione.

Dottor Morcavallo, quanti sono in un anno gli allontanamenti decisi da un tribunale dei minori «medio», come quello di Bologna? Sono decine, centinaia?

Sono migliaia. Ma la verità è che nessuno sa davvero quanti siano, in nessuna parte d'Italia. Lo studio più recente, forse anche l'unico in materia, è del 2010: il ministero del Lavoro e delle politiche sociali calcolava che al 31 dicembre di quell'anno i bambini *e i ragazzi portati via dalle famiglie fossero in totale* ***39.698.*** *Solo in Emilia erano 3.599. Ma la statistica ministeriale è molto inferiore al vero; io credo che un numero realistico superi i* ***50 mila casi****. E che prevalga l'abbandono.*

L'abbandono?

Quando arrivai a Bologna, nel 2009, c'erano circa 25 mila procedimenti aperti, moltissimi da tanti, troppi anni. Trovai un fascicolo che risaliva addirittura al 1979: paradossalmente si riferiva a un mio coetaneo, evidentemente affidato ancora in fasce ai servizi sociali e poi «seguito» fino alla maggiore età, senza interruzione. Il fascicolo era ancora lì, nessuno l'aveva mai chiuso.

E che cos'altro trovò, al Tribunale di Bologna?

Noi giudici togati eravamo in sette, compreso il presidente **Maurizio Millo.** *Poi c'erano 28-30 giudici onorari: psicologi, medici, sociologi, assistenti sociali.*

Come si svolgeva il lavoro?

I collegi giudicanti, come previsto dalla legge, avrebbero dovuto essere formati da due togati e da due onorari: scelti in modo automatico, con logiche neutrali, prestabilite. Invece regnava un'apparente confusione. Il risultato era che i collegi si componevano «a geometria variabile». Con un solo obiettivo.

Cioè?

In aula si riuniva una decina di giudici, che trattavano i vari casi; di volta in volta i quattro «decisori» che avrebbero poi dovuto firmare l'ordinanza venivano scelti per cooptazione, esclusivamente sulla base delle opinioni manifestate. Insomma, tutto era organizzato in modo da fare prevalere l'impostazione dei servizi sociali, sempre e inevitabilmente favorevoli all'allontanamento del minore.

E lei che cosa fece?

Iniziai da subito a scontrarmi con molti colleghi e soprattutto con il presidente Millo. Le nostre impostazioni erano troppo diverse: io sono sempre stato convinto che l'interesse del minore debba prevalere, e che il suo restare in famiglia, là dov'è possibile, coincida con questo interesse. È la linea «meno invasiva», la stessa seguita dalla Corte costituzionale e dalla Corte europea dei diritti dell'uomo.

Gli altri giudici avevano idee diverse dalle sue?

Sì. Erano per l'allontanamento, quasi sempre. Soltanto un collega anziano la vedeva come me: Guido Stanzani. Era magistrato dal 1970, un uomo onesto e serio. E anche qualche giudice onorario condivideva il nostro impegno: in particolare lo psicologo **Mauro Imparato.**

Che cosa accadeva? Come si aprivano i procedimenti?

Nella stragrande maggioranza dei casi si trattava di allontanamenti dalle famiglie per motivi economici o perché i genitori venivano ritenuti «inadeguati».

Che cosa vuol dire «inadeguato»?

Basta che arrivi una segnalazione dei servizi sociali; basta che uno psicologo stabilisca che i genitori siano «troppo concentrati su se stessi». In molti casi, è evidente, si tratta di vicende strumentali, che partono da separazioni conflittuali. Il problema è che tutti gli atti del tribunale sono inappellabili.

Perché?

Perché si tratta di provvedimenti formalmente «provvisori». L'allontanamento dalla famiglia, per esempio, è per sua natura un atto provvisorio. Così, anche se dura anni, per legge non può essere oggetto di una richiesta d'appello.

Insomma non ci si può opporre; nemmeno il migliore avvocato può farci nulla.

Tra le cause di allontanamento, però, ci sono anche le denunce di abusi sessuali in famiglia. In quei casi non è bene usare ogni possibile cautela?

Dove si trattava di presunte violenze, una quota comunque inferiore al 5 per cento, io a Bologna ho visto che molti casi si aprivano irritualmente a causa di lettere anonime. Era il classico vicino che scriveva: attenzione, in quella casa molestano i figli. Non c'era nessuna prova. Ma i servizi sociali segnalavano e il tribunale allontanava. Un arbitrio e un abuso grave, perché una denuncia anonima dovrebbe essere cestinata. Invece bastava a giustificare l'affido. Del resto, se si pensa che molti giudici onorari erano e sono in conflitto d'interesse, c'è di che capirne il perché.

Che cosa intende dire?

Chi sono i giudici onorari? Sono psicologi, sociologi, medici, assistenti sociali. Che spesso hanno fondato istituti. E a volte addirittura le stesse case d'affido che prendono in carico i bambini sottratti alle famiglie, e proprio per un'ordinanza cui hanno partecipato.

Possibile?

A Bologna mi trovai in udienza un giudice onorario che era lì, contemporaneamente, anche come «tutore» del minore sul cui affidamento dovevamo giudicare.

Ma sono retribuiti, i giudici onorari?

Sì. Un tanto per un'udienza, un tanto per ogni atto. Insisto: certi fanno 20-30 udienze a settimana e incassano le parcelle del tribunale, ma intanto lavorano anche per gli istituti, le cooperative che accolgono i minori. È un business osceno e ricco, perché quasi sempre bambini e ragazzi vengono affidati ai centri per mesi, spesso per anni. E le rette a volte sono elevate: ci sono comuni e aziende sanitarie locali che pagano da 200 a oltre 400 euro al giorno. Diciamo che il business è alimentato da chi ha tutto l'interesse che cresca

È una denuncia grave. Il fenomeno è così diffuso? Possibile che siano tutti interessati, i giudici onorari? Che tutti i centri d'affido guardino solo al business?

Ma no, certo. Anche in questo settore c'è il cattivo e c'è il buono, anzi l'ottimo. Ovviamente c'è chi lavora in modo disinteressato. Però il fenomeno si alimenta allo stesso modo per tutti. I tribunali dei minori non scelgono dove collocare i minori sottratti alle famiglie, ma guarda caso quella scelta spetta ai servizi sociali. Comunque la crescita esponenziale degli affidi e delle rette è uguale per i buoni come per i cattivi. E c'è chi ci guadagna.

Per lei sono più numerosi gli istituti buoni o i cattivi?

Non lo so. A mio modo di vedere, buoni sono quelli che favoriscono il contatto tra bambini e famiglie. Ce ne sono alcuni. Io ne conosco 2 o 3.

Ma, scusi: i giudici onorari chi li nomina?

Il diretto interessato presenta la domanda, il tribunale dei minori l'approva, il Consiglio superiore della magistratura ratifica.

E nessuno segnala i conflitti d'interessi? Nessuno li blocca?

Dovrebbero farlo, per legge, i presidenti dei tribunali dei minori. Potrebbe farlo il Csm. Invece non accade mai nulla. L'associazione Finalmente liberi, cui ho aderito, è tra le poche che hanno deciso d'indagare e lo sta facendo su vasta scala. Sono stati individuati finora un centinaio di giudici onorari in evidente conflitto d'interessi. Li denunceremo. Vedremo se qualcuno ci seguirà.

Quanto può valere quello che lei chiama «business osceno»?

Difficile dirlo, nessuno controlla. In Italia non esiste nemmeno un registro degli affidati, come accade in quasi tutti i paesi occidentali.

Ipotizzi lei una stima.

Sono almeno 50 mila i minori affidati: credo costino 1,5 miliardi l'anno. Forse di più.

Torniamo a Bologna. Nel gennaio 2011 accadde un fatto grave: un neonato morì in piazza Grande. Fu lì che esplose il conflitto fra lei e il presidente del tribunale dei minori. Come andò?

La madre aveva partorito due gemelli dieci giorni prima. Uno dei due morì perché esposto al freddo. Che cosa era successo? In realtà la famiglia, dichiarata indigente, aveva altri due bambini più grandi, entrambi affidati ai servizi sociali. Il caso finì sulla mia scrivania. Indagai e mi convinsi che quella morte era dovuta alla disperazione. I genitori avevano una casa, contrariamente a quel che avevano scritto i giornali, ma ne scapparono perché terrorizzati dalla prospettiva che anche i due neonati fossero loro sottratti.

E a quel punto che cosa accadde?

Il presidente Millo mi chiamò. Ha detto: convochiamo subito il collegio e sospendiamo la patria potestà. Risposi: vediamo, prima, che cosa decide il collegio. Millo avocò a sé il procedimento, un atto non previsto da nessuna norma. Allora presentai un esposto al Csm, denunciando tutte le anomalie che avevo visto. E Stanzani un mese dopo fece un altro esposto. Ne seguirono uno di Imparato e uno degli avvocati familiaristi emiliani.

Fu allora che si scatenò il contrasto?

Sì. Fui raggiunto da un provvedimento cautelare disciplinare del Csm. Venni accusato di avere detto che nel Tribunale dei minori di Bologna si amministrava una giustizia più adatta alla Corea del Nord, di avere denigrato il presidente Millo. Fui trasferito a Modena, come giudice del lavoro. Venne trasferito anche Stanzani, mentre Imparato fu emarginato. Nel dicembre 2011, però, la Cassazione a sezioni unite annullò quella decisione criticando duramente il Csm perché non aveva ascoltato le mie ragioni, né aveva dato seguito alle mie denunce.

Così lei tornò a Bologna?

Sì. Ma per i ritardi del Csm, anch'essi illegittimi, il rientro avvenne solo il 18 settembre 2012. Millo nel frattempo era andato via, ma non era cambiato gran che. Fui messo a trattare i casi più vecchi: pendenze che risalivano al 2009. Fui escluso da ogni nuovo procedimento di adottabilità. Capii allora perché un magistratro della procura generale della Cassazione qualche mese prima mi aveva suggerito di smetterla, che stavo dando troppo fastidio a gente che avrebbe potuto farmi desistere con mezzi potenti.

Sta dicendo che fu minacciato?

Mettiamola così: ero stato caldamente invitato a non rompere più le scatole. Capii che era tutto inutile, che il muro non cadeva. Intanto, in marzo, Stanzani era morto. Decisi di abbandonare la magistratura.

E ora?

Ora faccio l'avvocato. Ma lavoro da fuori perché le cose cambino. Parlo a convegni, scrivo, faccio domande indiscrete.

Che cosa chiede?

Per esempio che i magistrati delle procure presso i tribunali dei minori vadano a controllare i centri d'affido:

non lo fanno mai, ma è un vero peccato perché troverebbero sicuramente molte sorprese. Chiedo anche che il Garante nazionale dell'infanzia mostri più coraggio, che usi le competenze che erroneamente ritiene di non avere, che indaghi. Qualcuno dovrà pur farlo. È uno scandalo tutto italiano: va scoperchiato."

Come si evince dalla testimonianza del giudice minorile licenziato per essersi opposto all'ingiustizia intollerabile, si tratta di una realtà sconvolgente che si diffonde in tutto il Paese.

La diffusione di frodi e decisioni arbitrarie che mettono in pericolo la vita dei minori e calpestano i loro diritti mostrano il disprezzo del governo per il sistema giudiziario italiano.

Pertanto, il tribunale per i minorenni non è più aperto alla "giustizia" o al rafforzamento della "sicurezza" della nazione. Si basa sul principio sbagliato del traffico di bambini per un rapido profitto e non garantisce giustizia.

L'indifferenza del governo minaccia una maggiore corrosione dei diritti dei bambini e delle famiglie in Italia, in nome della "Protezione dell'infanzia". Fornisce copertura per gli errori dei giudici e protegge gli illeciti dei giudici dal controllo pubblico e giudiziario in condizioni eque e giuste.

È l'età dell'oscurità e dell'ambiguità. L'età del virus più letale; è un virus della schiavitù del denaro a spese degli innocenti. I giudici prendono facilmente decisioni per rimuovere i bambini, gli assistenti sociali rapiscono questi bambini e affogano in un mare di bugie e gli psicologi falsificano documenti e distorcono le menti dei bambini. E nessuno è ritenuto responsabile delle proprie azioni!

CAPITOLO OTTO

RAPIRE I BAMBINI E INGANNARE I GENITORI

Nascondere dietro lo slogan di "protezione dellinfanzia" per sfruttarla

Rapimenti, frodi, coercizione e falsa testimonianza si verificano apertamente e ogni giorno. Gli assistenti sociali e i giudici minorenni accoltellano, frantumano i bambini e li trasformano in merci. Poiché il compito è sporco, deve essere svolto da persone che hanno le qualità della sporcizia, dell'avidità e della brama di trarre profitto dai deboli. Hanno intenzione di fare a brandelli dei minorenni, massacrarli come pecore e metterli all'asta. È incredibile, orribile, ma VERO!

I servizi di protezione dell'infanzia sono nel tempo degradati e disumanizzati, una tendenza più evidente sotto il potere italiano. I loro proprietari ingannano e deludono i genitori commettendo le forme più orribili di crimine.

I bambini vengono detenuti in istituti affidatari, istituti religiosi, cooperative, case famiglia affidatarie, e finiscono in adozione a un prezzo concordato. Gli assistenti sociali pubblicizzano i bambini online e nei "mercati di adozione" per trovare case per migliaia di bambini allontanati con la forza.

I servizi di protezione dell'infanzia sono diventati un "impero dei mostri protetto" costruito sulla separazione delle famiglie, il furto e la vendita di bambini. La maggior parte dei casi che comportano l'allontanamento di bambini dalle loro case vengono spostati per diventare "rimozioni senza alcuna causa". Si tratta di politiche inefficaci in cui la corruzione si scatena, lasciando i cittadini senza leggi che li proteggano.

Le tattiche comuni del sistema di confisca dei bambini si basano su diverse questioni come la povertà, l'incompetenza dei genitori, la violenza domestica, il divorzio, la disabilità, la necessità di supporto medico, condizioni mediche non specificate, l'autismo, solo per citarne alcuni, con il pretesto di una "Ordine di protezione di emergenza'' per estrarre i bambini.

Non solo gli assistenti sociali agiscono su queste condizioni, che il bambino o il genitore le abbia. Li distorcono volontariamente e perversamente come mezzi per acquisire la merce prevista: i bambini. E se una di queste condizioni non esiste già, gli assistenti sociali lanciano false accuse contro i genitori per giustificare l'allontanamento dei bambini.

L'intimidazione insieme all'azione vendicativa o punitiva contro i genitori che osano tentare di mettere in discussione il processo o di difendere i diritti della loro famiglia è solo una parte del processo. I genitori amorevoli sono spesso accusati di abusare dei propri figli, quindi rischiano ingiustamente la reclusione. Questo governo tirannico travolge terribilmente i deboli della società.

Migliaia di bambini sembrano cadaveri; le loro menti, corpi e anime imprigionate insieme in un ambiente in cui la morale è scossa, crollata e, rispettivamente, spegne tutte le candele dell'innocenza e della gioia. I bambini sono completamente divorati dai predatori.

La preda non è solo una perdita per gli umani; è una risorsa per i servizi di protezione dell'infanzia e i tribunali per i minorenni che si nascondono dietro lo slogan totalmente infondato di "protezione dell'infanzia". Questi criminali incalliti considerano i bambini una grande festa e una facile preda. Vogliono mangiarli tutti e divorarli tutti senza pietà!!

Non c'è salvaguardia o protezione per il benessere del

bambino, ma inganno, abuso, lavaggio del cervello e tratta. È un gioco terribile giocato dalla MAFIA LEGALE che è finanziata dal governo. Gestiscono orribilmente 'BIG BUSINESS' attraverso l'affidamento e l'adozione illegale , e rastrellano miliardi di euro ogni anno.

Centinaia di migliaia di bambini/ragazzi vengono sottratti alle loro famiglie e collocati in istituti affidatari e famiglie affidatarie. Peggio ancora, questa custodia è disposta dal tribunale per i minorenni a tempo indeterminato, impedendo così ai bambini di tornare ai genitori naturali. Quindi, questa custodia illegale si trasforma in un processo di adozione mascherato che nasconde interessi economici.

Il governo non protegge il pubblico da questo terrorismo interno. Gli interessi dei bambini non sono la loro priorità assoluta. I detentori del governo sono manipolatori, sordi e ipocriti! Coloro che non desiderano compiacere il pubblico e non si rendono conto della necessità di rispondere. Quelli che continuano a seguire la stessa retorica e le stesse politiche nonostante le sofferenze dell'opinione pubblica.

Tutti i diritti della famiglia sono violati

Il fatto che tutti i giusti processi, i diritti costituzionali e umani siano violati e manipolati da giudici della cattiva corte, dipartimenti dei servizi sociali, nonché psicologi, psichiatri e avvocati nominati dal tribunale che non lavorano per i clienti ma aiutano a incriminare i genitori. Anche gli avvocati nominati dal tribunale hanno un estremo interesse, cospirando con gli assistenti sociali che falsificano documenti e mentono in tribunale.

La storia del traffico di bambini è organizzata dagli assistenti sociali e dai loro psicologi, sanzionata dai tribunali per i minorenni e approvata dai politici che hanno cercato di mantenerla segreta dagli anni '70. Ciò non significa che non ci siano bambini che hanno bisogno di essere tenuti fuori da situazioni miserabili e che abbiano bisogno di protezione. Questo rapporto riguarda bambini e genitori che sono stati catturati in "rapimento legale" e coloro che sopportano le conseguenze di sofferenze irrisolte

I servizi di protezione dell'infanzia a livello nazionale si sono corrotti e l'intero sistema è danneggiato quasi irreparabilmente. Non ci si può fidare del sistema perché non serve le persone. Rovina famiglie e bambini semplicemente perché ha il potere di farlo. I bambini vengono portati nel cuore della notte, fuori dalle scuole, dalle case e i neonati tolti dalle braccia delle loro madri fuori dall'ospedale e rinominali. Il risultato è una perdita di identità senza nomi per collegare quelle vittime alla loro storia o eredità.

Se la vita dei bambini viene migliorata portandoli via dalle loro case, potrebbe esserci una maggiore necessità di servizi sociali per l'infanzia. Ma oggi non tutti i bambini sono sempre più al sicuro. È molto più probabile che il bambino venga abusato sessualmente e persino che muoia quando è in affidamento o in un istituto. Troppi casi di pedofilia tollerata e di violenza sui minori stanno gradualmente emergendo anche in ambienti considerati i più accreditati custodi dell'infanzia.

I giudici per i minorenni incoraggiano indirettamente "l'abuso sui minori" affidando i minori a omosessuali, sexy shop e persone con gravi condizioni di salute mentale che abusano emotivamente, sessualmente e fisicamente dei bambini; uno scandalo del Nord Italia lo ha recentemente dimostrato.

I bambini sono sfiniti dal lamentarsi perché considerano gli adulti totalmente incapaci di capire e agire a loro favore. I genitori in lutto continuano a piangere e invocare equità e giustizia. Purtroppo le loro grida vengono ignorate dallo Stato italiano. La loro sofferenza è schiacciante; la maggior parte di loro non sa dove sono i propri figli e non li vede da molto tempo

CAPITOLO NOVE

TRAFFICO E ABUSI TERRIBILI SUI MINORI

Gli assistenti sociali fingono che i bambini vengano allontanati dalle loro case a causa di orribili abusi e vengano mandati in amorevoli famiglie affidatarie dove prospereranno. Ma troppo spesso non è vero. La maggior parte degli abusi si verifica nelle famiglie affidatarie e negli istituti affidatari, guidati da psicologi e servizi sociali, dove i bambini sono infelici e sfruttati.

I nostri bambini vengono affidati a estranei e venduti come bestiame alla schiavitù e al commercio sessuale, e in case inadatte dove vengono maltrattati, fatti morire di fame, picchiati, torturati e persino assassinati. I bambini hanno una probabilità sette volte maggiore di essere danneggiati in affidamento/adozione rispetto a quanto non sarebbero mai stati con le loro stesse famiglie.

Le vite dei bambini sono a rischio mentre si prendono cura dei servizi sociali finanziati dal governo, come stupri, aggressioni sessuali, abusi fisici, abusi mentali e abbandono.

Le statistiche mostrano che i nostri figli vengono terribilmente maltrattati mentre si trovano in posizioni governative al di fuori della casa dei genitori. Sto spiegando alcuni tipi di abuso che subiscono i nostri figli e che possono comportare un rischio sostanziale di causare danni fisici ed emotivi:

Oltre i farmaci in affido

Il mio cuore è pesante mentre scrivo queste parole perché ho già saputo dele mie figlie e, che sono stati danneggiati dal farmaco dopo essere affidati. La tragedia è che il male continua ad essere vissuto da molti bambini preziosi e innocenti.

Migliaia di bambini adottivi sembrano assumere potenti farmaci psicotropi o che alterano la mente. Molti di loro sono a malapena all'asilo. I servizi di protezione dell'infanzia e il loro personale medico stanno persino frodando i programmi di farmaci prescrivendo farmaci di cui un bambino non ha bisogno o sopraffandoli per ogni bambino rapito.

Ad esempio, rimuovono un bambino che è perfettamente felice e in buona salute, gli fanno diagnosticare condizioni e disturbi con bisogni speciali, lo medicano con psicofarmaci di cui non ha bisogno perché se il bambino ha esigenze mediche o necessita di cure, sono disponibili maggiori fondi.

Inoltre, i bambini provenienti da famiglie in difficoltà hanno spesso problemi di rabbia e aggressività e spesso vengono prescritti farmaci per "contenere" i loro comportamenti in modo che non vengano rimbalzati dalla casa adottiva e dall'istituto affidatario.

La Commissione per i diritti umani dei cittadini italiani, che si concentra ancora sulla tragedia dei bambini danneggiati dal sistema che pretende di proteggerli, svela una notizia terribile sull'eccessiva medicazione dei bambini in affido.

Questo comitato ha descritto la situazione di alcuni bambini che sono stati esposti all'abuso di farmaci da overdose; sono sembrati completamente diversi e hanno sofferto di allucinazioni e incubi terrificanti.

Secondo questo comitato: le risorse non sono sufficienti per prendersi cura di questi bambini e fornire loro le terapie e il trattamento intensivo, non hanno bisogno di farmaci. È un sacco di tempo, ci sono molte persone per farlo - terapisti, consulenti e medici - e ovviamente tutto ciò costa denaro.

Gli stati stanno optando invece per far sì che i bambini subiscano un'ampia assunzione di droghe.

Dare farmaci regolari ai bambini in affido li qualificherà come "bisogni speciali", il che significa che sono disponibili più soldi federali, e questa è di per sé una tragedia.

Questi bambini non hanno bisogno di sostanze psicoattive: hanno bisogno dei migliori servizi umani e assistenziali che la nostra società può fornire. I farmaci possono renderli temporaneamente più docili, ma interrompendo e sopprimendo la normale funzione e sviluppo del cervello, aggiungono nuovi fattori di stress alle loro vite e impediscono loro di adattarsi e crescere nel miglior modo possibile.

Lavaggio del cervello e psicologia mal giudicata

I minori sono soggetti a una grave forma di lavaggio del cervello nella psicologia mal giudicata. È l'assurdo pericolo della situazione. Poiché i terapeuti hanno rovinato la vita delle mie figlie, ho imparato cose che vengono praticate dalla maggior parte delle persone manipolatrici e malvagie là fuori per ottenere cose terribili; far credere ai minori cose che non sono vere e azioni che non sono mai accadute. Distruggono attivamente le identità e le sostituiscono con false credenze che servono l'obiettivo della loro organizzazione criminale.

I bambini sono convinti del completo disinteresse dei loro genitori per la loro sofferenza. Sono plagiati nel credere di essere stati salvati da membri della famiglia a cui importava poco o nulla di loro. Mentre mamma e papà gridano giustizia dalle loro case, impotenti di fronte alle decisioni dei servizi sociali e del tribunale per i minorenni e intrappolati in false accuse che solo il tempo potrà smentirli.

Questi pericolosi criminali usano metodi diversi per distorcere l'immagine dei genitori agli occhi di questi bambini. La prima tattica da utilizzare nel lavaggio del cervello dei minori, da parte degli assistenti sociali e dei loro psicologi, è tipicamente quella di isolare la vittima dalla famiglia e dai parenti.

I bambini sono anche tenuti lontani da tutto ciò che li collega alle loro relazioni con il passato. Il motivo per farlo è che la vittima ha solo il manipolatore con cui parlare, che può modellarlo come vuole e può impiantare nel suo cervello ciò che gli piace, e non ci sono terze parti che entrano e si interrogano su cosa sta succedendo.

Durante le sedute di psicoterapia durante le quali ai bambini viene somministrata anche una terapia con elettroshock per alterare i loro ricordi. Falsi ricordi di abusi sessuali possono essere generati attraverso la coercizione e gli impulsi elettrici. I terapeuti usano anche metodi pericolosi di interrogatorio dei bambini. Fanno ai bambini domande dirette e ripetute.

Ci si rende conto che è molto probabile che questi metodi creino rivelazioni di eventi che non sono mai accaduti. Da questa fonte, molte dozzine di adulti innocenti sono stati accusati di aver compiuto abusi rituali, abusi sessuali, ecc.

Centinaia di adulti sono stati incarcerati per crimini mai accaduti. Migliaia di bambini sono cresciuti con falsi ricordi delle più orrende forme di abbandono, maltrattamento e abuso che non si siano mai verificate.

Gli psicologi e gli psichiatri, che lavorano per i servizi sociali, spesso si travestono da personaggi malvagi delle fiabe per rappresentare i genitori in modo che i bambini siano influenzati dall'immagine che viene loro insegnata sui loro genitori, e poi li descrivano negativamente nelle prove.

Mentre si avvicinavano alle interviste giudiziarie, hanno subito un vero "lavaggio del cervello". Gli impulsi elettrici vengono spacciati per "macchine della memoria" e invece "altereranno lo stato della memoria in prossimità dei colloqui giudiziari".

Molti bambini, dopo aver avuto "Gli impulsi elettrici" che generano false registrazioni nella mente dei bambini, sperimentano una perdita di memoria più duratura o permanente; inclusa la perdita di ricordi personali per aver dimenticato le informazioni di cui hanno bisogno per continuare nella loro scuola o dare un senso alle loro relazioni personali. Sicuramente, quando i minori si fanno un'idea dei loro genitori mentre subiscono continuamente il lavaggio del cervello da parte di psichiatri, psicologi, assistenti sociali ed educatori; quelle parole negative ripetitive sono sempre in prima linea nei loro cervelli.

Abuso sessuale

I professionisti dei servizi sociali che gestiscono l'industria delle frodi per la protezione dei minori si uniscono ai ranghi di persone che espongono i bambini allo sfruttamento sessuale ovunque e con qualsiasi mezzo.

Questi criminali intenzionati trovano mezzi redditizi per ottenere le loro vittime attraverso un sistema già corrotto. E presto vedrà un numero maggiore di bambini portati in famiglie affidatarie.

Lo scandalo Bibbiano è solo la punta di un iceberg che ha esplorato gli orribili abusi subiti dalle vittime, compreso il traffico sessuale, dove sono stati confermati casi di stupro e violenza sessuale nelle famiglie affidatarie e negli istituti affidatari; mentre molti genitori adottivi sono stati accusati di aver abusato sessualmente dei bambini per i quali hanno pagato.

I bambini affidati ad assistenti sociali e suore vengono venduti a pedofili, sexy shop, gay, persone con gravi condizioni di salute mentale e persone i cui figli si sono suicidati. I bambini finiscono in situazioni molto peggiori di quelle in cui hanno iniziato.

I pedofili vengono regolarmente approvati come genitori adottivi, il che consente la prosecuzione del traffico sessuale di minori in Italia. Più di questa pratica di approvare autori di reati sessuali e pedofili a diventare genitori adottivi, per soddisfare la domanda del redditizio traffico sessuale di bambini.

Queste forme di abuso possono durare una vita e possono includere danni cerebrali e perdita dell'udito e della vista, con conseguente disabilità. Possono far perdere fiducia al bambino e sviluppare un complesso di inferiorità. Secondo i Centers for Disease Control and Prevention, l'abuso fisico e sessuale può causare problemi psicologici, fisici, comportamentali ed economici per tutta la vita.

Di conseguenza, molto probabilmente le vittime avranno anche problemi di salute fisica e mentale. A parte i segni osservabili di danno fisico, gli effetti di questo abuso potrebbero manifestarsi come depressione, ansia o comportamenti ad alto rischio come sesso occasionale, autolesionismo, criminalità, dipendenza chimica e altri comportamenti malsani e pericolosi.

Gli effetti dell'abuso sessuale sui minori di solito includono una bassa autostima, una sensazione di inutilità, una mancanza di fiducia negli adulti e una visione anormale o distorta del sesso. Gli effetti possono essere così forti che il bambino può persino tendere al suicidio. Anche i bambini che hanno subito abusi sessuali corrono un rischio maggiore di abusi futuri e possono diventare essi stessi abusatori di bambini.

I bambini che sviluppano depressione e ansia a causa del loro passato abusivo spesso si rivolgono a comportamenti pericolosi per far fronte alle loro cicatrici emotive e psicologiche.

Gli effetti degli psicologi nell'affido

Storie "incredibili" ed è incredibile che siano vere, il fatto che possano davvero accadere in ogni città italiana. Hanno tutti un filo conduttore che li unisce come perle di una collana: la Psichiatria che si fa Giustizia, e la Giustizia che adotta la Psichiatria. Roba grossa, eh! E per questo, anche se non solo per questo, che vengono chiamati "Casi pazzi". "Casi psico-giudiziarie?" Forse. Più semplicemente, casi e persone. Violenza, bullismo, molestie, abusi, usurpazioni, provocazioni. In una parola, sofferenza senza fine per coloro che rimangono impigliati dentro e non possono ricevere chi potrebbe aiutarli - LA LEGGE! - l'aiuto di quella mano tesa che la Costituzione ha descritto così bene.

In Italia, attraverso valutazioni - per loro stessa natura soggettive e discutibili - psichiatri, psicologi, consulenti e assistenti sociali, indottrinati sul modello biologico della mente e incapaci di usare il buon senso e l'umanità, e attraverso valutazioni soggettive e discutibili possono indurre il tribunale per i minorenni ad adottare misure drastiche e drammatiche, sottraendo i figli alla famiglia, collocandoli in comunità tutelari per minori, quindi sottoponendoli ad indagini, analisi e così via.

"Questa è l'ennesima dimostrazione che l'incontro tra psicologia/psichiatria e giustizia può causare danni indicibili, come nel caso del bambino che ha costretto a vedere il suo presunto carnefice sulla base di astratte teorie psicologiche. È nostro dovere riportare la giustizia sui binari giusti!", ha affermato Silvio De Fanti, vicepresidente del Comitato dei cittadini per i diritti umani:

"Nel recente convegno di Milano 'Psichiatria e distorsione della giustizia', organizzato dal CCDU e dalla sezione italiana della LIDU - Lega Internazionale per i

Diritti Umani, infatti, il professor Morris Ghezzi, ordinario di Filosofia e Sociologia del diritto all'Università di Milano, ha sostenuto che il giudice non è più esperto di periti, che ascolta i pareri dei periti ma poi si riserva di fare una valutazione indipendente - ma ha trasferito la funzione di controllo sociale alla medicina, e alla psichiatria in particolare."

CAPITOLO DIECI

SCANDALO DEI SERVIZI SOCIALI

Ho sempre avuto domande su un sistema arretrato che getta l'onorevole nella fogna, umilia il più caro e trasforma la guerra contro gli abusi sui minori in una guerra contro i bambini. Ma sono rimasta scioccata e sgomento quando ho realizzato quanto i bambini avessero sofferto in condizioni orribili, infliggendo loro gravi danni fisici e psicologici.

Sebbene siano bambini e condividano tratti infantili: umorismo innato, sentimenti delicati, purezza di cuore e sorriso innocente, ma differiscono dai loro coetanei. La loro libertà è imprigionata e la loro innocenza è uccisa.

Vengono rapiti, violentati, sottoposti a lavaggio del cervello e venduti. Questo riporta alla mente i ricordi dei gangster ritratti nei film; ma è proprio questo lo scandalo delle istituzioni governative italiane istituite per il benessere e la tutela delle famiglie e dei bambini.

Scandalo 'Angeli e Demoni'

Questo è il più grande scandalo del sistema di protezione dell'infanzia e il più grande insabbiamento, l'amaro risultato della collusione di stato, che alla fine ha costretto una commissione d'inchiesta.

Il nome in codice dello scandalo e "Angeli e Demoni' che è scoppiato a Bibbiano, provincia di Reggio Emilia città, ed è stato riportato da diversi media nazionali e internazionali tra cui 'INDIPENDENT' il quotidiano britannico, che ha appreso quanto segue:

Il sindaco, i medici e gli assistenti sociali sono stati arrestati con l'accusa di abusi sui minori e adozione illegale. La rete ha fabbricato indizi e fatto credere ai bambini di essere stati maltrattati in un programma di adozione per centinaia di migliaia di euro: la polizia italiana ha arrestato 18 persone, tra cui il sindaco, assistenti sociali e psicologi per presunti bambini "lavaggio del cervello" facendogli credere che i loro genitori avessero abusato loro, in un piano per strapparli alle loro famiglie e venderli ai genitori adottivi. Le autorità della città di Reggio Emilia, nell'Italia centrale, hanno rivelato come una rete di operatori sanitari abbia utilizzato ore di psicoterapia e sessioni di scosse elettriche per convincere i bambini che i loro genitori li avevano abusati sessualmente e "alterare i loro ricordi prima delle udienze", riporta l'agenzia di stampa italiana. Ansa. Poi vendono i bambini ad amici e conoscenti in uno schema del valore di centinaia di migliaia di euro. Le indagini nome in codice "Angeli e Demoni" sono iniziate nell'estate del 2018 dopo che la polizia ha ricevuto una serie di segnalazioni di illeciti che inizialmente si sono rivelate false. Tra i 18 arrestati: Andrea Carletti, sindaco di Bibbiano, un comune di circa 10.000 abitanti vicino a Reggio Emilia, oltre a politici, medici, assistenti sociali e psicologi. La rete inizialmente ha fabbricato false segnalazioni per portare via i bambini dalle famiglie svantaggiate. Quindi hanno proceduto a convincere i bambini che erano stati effettivamente maltrattati. In un episodio riportato dal quotidiano italiano 'La Repubblica', una ragazza ha detto che non riusciva a ricordare perché non poteva più vedere suo padre.

"Ma non ti ricordi che hai detto che non volevi vederlo? Me lo ricordo", le Ha detto uno psicologo.

"Non l'ho detto" rispose la ragazza.

"Sì, hai detto che non volevi vederlo perché avevi paura che ti facesse del male..." lo psicologo
citato come insistente. «Che possa cercare vendetta... o portarti via. Ricordi la paura che hai provato? Ti ricordi adesso?"
La bambina avrebbe detto che non ricordava e che piangeva perché le mancava suo padre.
Per fare il lavaggio del cervello ai bambini e ingannare le autorità, la rete è anche accusata di usare piccoli elettroshock che hanno chiamato la "piccola macchina della memoria" mentre erano con i bambini.
Gli altri loro metodi presumibilmente includevano la falsificazione di disegni infantili per aggiungere falsi dettagli sessuali, la falsa descrizione delle case dei genitori come abbandonate e la messa in scena di opere teatrali in cui assistenti sociali che interpretano i genitori dei bambini travestiti da mostri che cercano di far loro del male.
Intervenendo al vertice del G20 a Osaka, in Giappone, il premier italiano Giuseppe Conte ha dichiarato: "Queste accuse, se confermate, sono spaventose e scioccanti".
Gli investigatori ritengono inoltre che gli assistenti sociali non abbiano mai regalato ai bambini decine di regali e lettere inviate dai loro genitori naturali.
Le autorità hanno affermato che lo schema ha tentato di "apparire come un sistema di assistenza modello per i minori vittime di abusi,
Ma in realtà è stato un un affare illegale a danno dei bambini"

I genitori adottivi dei bambini includevano proprietari di sexy shop, persone con disturbi psicologici e genitori i cui figli si erano tolti la vita. I media italiani riferiscono che due dei bambini hanno subito abusi sessuali dopo essere stati assegnati ai genitori adottivi.
Il gruppo è accusato di una lunga serie di reati tra cui abusi su minori, ferite gravi, abuso di potere, appropriazione

indebita, frode giudiziaria e fabbricazione di prove. I media italiani riferiscono che decine di persone sono sotto inchiesta."

L'ex direttore dei servizi sociali, Federica Anghinolfi, coinvolta in questo scandalo, è stata quella che mi ha privato delle mie figlie e le ha vendute. Era solita collaborare con altre figure demoniache che usavano altri metodi terrificanti per distruggere le famiglie, tra queste figure c'è la psicologa Valeria Donati che ha adottato una delle mie figlie dopo averle fatto il lavaggio del cervello. Questa psicologa è l'eroina dei crimini del caso "Panico Diabolico", che torna in tribunale dopo due decenni, (vedi i dettagli scioccanti nel capitolo otto)

Nello scandalo 'Angeli e Demoni'– gli investitori hanno iniziato a indagare e quello che ne è venuto fuori è stato un terremoto civile e politico. Gli assistenti sociali volevano fare soldi con l'affidamento dei minori e, per farlo; hanno manipolato le menti dei bambini e creato disegni propri che potrebbero suggerire la sofferenza di questi bambini.

Gli psicologi guadagnano attraverso sessioni di terapia. E questo strapotere che i servizi sociali hanno acquisito negli anni ha portato a storie come questa. Storie che pensi di poter vedere solo in un film dell'orrore e che invece, nel modo più assurdo possibile, sono diventate realtà, traducendo un mero giro di denaro e potere nell'infelicità di tanti bambini e delle loro famiglie.

Coinvolti centinaia di migliaia di euro, riferiscono i media italiani. Il procuratore generale Valentina Salvi, che si sta occupando del caso di questo scandalo, in tribunale di Reggio Emilia, ha confermato che:

“Sono in gioco le vite di migliaia di bambini. Cinquecentomila per l'esattezza." L'organizzazione italiana CDDU ha commentato il numero che: "Negli affidatari la cifra puo' sembrare spaventosa, ma e' il numero di bambini seguiti dai servizi sociali che finanziano questo sistema, alimentato da psichiatria diagnosi, e composto da servizi territoriali, cooperative di istruzione domiciliare e consulenti tecnici d'ufficio.

Si stima un giro d'affari di circa 5 miliardi (miliardi non milioni) di euro, che vengono pagati dai comuni, o con denaro pubblico"

L'indagine, nome in codice "Angeli e Demoni", ha rivelato uno schema per far passare come un sistema di welfare modello per i minori vittime di abusi quello che in realtà era un affare illegale a danno dei bambini. Secondo gli inquirenti, lo scopo del gruppo arrestato era quello di sottrarre i bambini a famiglie in situazioni sociali difficili e di donarli, in cambio di denaro, ad altri genitori.

Nonostante lo scandalo 'Angelo e Demoni' che ha scosso l'Italia, e nonostante l'eco mediatica che l'ha accompagnato, ora è stato dimenticato. Il processo legato a questo scandalo è ancora rinviato. All'udienza dell'11 marzo 2021, e sull'allungamento dei tempi, il giudice 'Dario De Luca' si è concesso una battuta dicendo: "Non ho intenzione di continuare questo processo fino al 2045."

Indubbiamente, ritardare il raggiungimento della giustizia è di per sé un'ingiustizia. È giunto il momento di fare giustizia!

La giustizia non è solo parole dolci e false promesse; è un lavoro serio e un passo avanti per scoraggiare i criminali. La giustizia esige la piena restaurazione dei diritti degli oppressi, la difesa dei deboli e l'imparzialità nei processi di amici e conoscenti.

Scandalo della casa famiglia ' Serinper'

Lo chiamano affido, ma troppo spesso è una rapina. Il caso dei bambini sottratti illegalmente alle loro famiglie in questo scandalo è probabilmente la punta dell'iceberg. Emerge un vero e proprio giro d'affari che arricchisce associazioni no profit, cooperative, sociologi, assistenti sociali, psicologi e "giudici onorari". Ma sai, questo succede sempre!

Lo scandalo, però, non si è fermato. Nella città di Massa Carrara. politici, psichiatri, e magistrati per i minorenni hanno aumentato i guadagni sulla pelle dei bambini. L'indagine del Dicembre 2020 ha portato in carcere 8 personaggi pubblici. Accusati anche i gestori della 'comunità Serinper' (Marina di Massa) che, secondo le mamme, trattavano nel peggiore dei modi genitori e figli, ad esempio impedendo alle madri di allattare i propri figli per diversi giorni.

Ad oggi le due comunità, 'Serinper e Casa Famiglia Sorrisa', indagate e accusate di maltrattamenti, continuano ad ospitare minori e genitori. In una sera, ai genitori veniva somministrata una tisana calmante che, in realtà, conteneva ansiolitici e medicinali. Al mattino si sono svegliati inspiegabilmente stanchi e poi gli educatori hanno detto loro che probabilmente non erano più in grado di svolgere il ruolo di genitori.

Le testimonianze delle madri sono agghiaccianti. Uno di loro dice che, come minaccia, gli assistenti sociali portavano spesso un foglio bianco su cui chiedevano alla madre di scrivere una rinuncia al bambino. Uno di loro si è suicidato quando le sue due figlie le erano state portate via. Un'altra madre racconta di aver assistito alla morte di un bambino per mano di un educatore.

Per quanto orribile possa sembrare, è vero: gli abusi sui minori sono diventati un business - e una sorta di industria - che in realtà paga i fondi per rapire legalmente i tuoi figli e darli in adozione!

I dettagli che rendono questi scandali ancora più eclatanti, soprattutto se si pensa agli anni trascorsi e alle presunte sofferenze indicibili dei bambini, vittime di violenze che hanno subito traumi così complessi da poterli riguardare per il resto della loro vita.

L'incapacità dell'autorità locale di agire in merito alle segnalazioni di abusi nel corso dei secoli, e l'incapacità di affrontare tali abusi, è dovuta al fatto che lo stato non tiene conto del benessere dei bambini o di ciò che è meglio per loro.

La tua paura dell'organizzazione criminale è reale

Sono convinto che i genitori e le famiglie dovrebbero essere avvertiti del pericolo. I genitori devono essere consapevoli dei metodi per proteggere se stessi e i propri figli dagli attacchi selvaggi dei servizi sociali. Il loro potere incontrollato è illegale.

Questi individui dimostrano tutti la barbarie del conflitto e della ferocia, in cui si verificano comportamenti estremamente violenti e crudeli e in cui le altre persone non sono rispettate e indietreggiano con orrore. L'orrore del rapimento, l'orrore dello stordimento e l'orrore della pedofilia che turba l'innocenza e il futuro dei bambini.

La loro avarizia li ha spinti a commettere crimini. Sono completamente sottomessi ai primitivi istinti naturali dell'anima umana. Non possono controllare i loro istinti e migliorare il loro comportamento. Non riescono a superare il loro istinto. Non possono incanalare la loro energia in modelli di comportamento più raffinati ed educati. Quei selvaggi a cui vengono date le redini non ne sono degni perché non qualificati e inaffidabili.

Commettono crimini efferati contro i bambini. Giocano con la vita delle persone, migliaia di vittime che non hanno il minimo rapporto con nessun problema. Usano la coercizione sui genitori e diversi attacchi barbarici, in cui le vittime sono disumanizzate e non guardate come un essere umano, solo come nemici da schiacciare.

L'ossessione di ottenere più soldi li porta a diventare affamati di denaro; la loro avidità non è mai soddisfatta e il loro viaggio li porta attraverso una scia sfortunata verso il tradimento.

Nonostante ciò, la loro mancanza di moralità umana li fa vantare di trasgredire la legge o di poter estorcere privilegi attraverso la violenza e i reati di sottrazione e stupro di minori, dove il concetto di magnanimità e forza è considerato uno dei concetti più distorti.

L'ostinazione della loro aggressività e il declino dei loro motivi di dominio, devianza, corruzione, malvagità, schiavitù del denaro e tradimento dei bambini del paese, fanno andare le cose di male in peggio lì, rendendo i tuoi figli dispersi e tra i morti.

Nessuna benevolenza, nessuna bontà dentro coloro che mangiano i bambini del loro paese!

Sei una nazione che accetta la crudeltà di strappare i bambini dalle braccia dei loro genitori e sfruttarli?

O sei una nazione che apprezza le famiglie e lavora per tenerle insieme?

I vostri tribunali sono governati da giudici equi?

O i tuoi tribunali sono maltrattati dai veri criminali?

CAPITOLO UNDICI

LA LEGGE NON È UGUALE PER TUTTI

Sfuggire alla punizione

I tribunali sono segnati da una diffusa corruzione. L'irresponsabilità, la parzialità e l'ingiustizia si verificano pubblicamente nelle aule dei tribunali. Gli atti dei tribunali mostrano il fatto che i diritti civili sono violati e tutti i diritti umani sono violati.

Costituiscono reati gravi i comportamenti dell'organizzazione criminale giudiziaria che rivendicano la tutela dei minori. Sono sotto il potere dell'oscurità, della decadenza e della corruzione. E queste cose passano senza alcuna dal corso, a causa della corruzione di coloro che devono fare giustizia.

Quando la violazione viene scoperto dalle autorità preposte all'esecuzione, non dà luogo a procedimenti penali, il cui risultato può essere pene detentive e sanzioni pecuniarie. Questo è ciò che accade quando gli esseri umani si relazionano tra loro come oggetti da consumare e quando il corpo diventa sempre più una merce.

L'episodio dello scandalo Bibbiano è stato accuratamente messo a tacere e anche il rifiuto politico di allearsi con il Pd, potenza dominante nell'area interessata e vicina alla magistratura. Nonostante ad alcuni di loro sia stato vietato di esercitare la professione, e nonostante gli arresti domiciliari temporanei che il giudice considerava come una disciplina, ciò non può debellare crimini efferati e le loro conseguenze.

Qual è il valore dell'autorità se il responsabile è Juan, sfuggente e scaltro?!

L'impegno del giudice imponeva di non violare per nessun motivo i diritti umani. Le sanzioni per questi criminali non devono essere revocate. Non c'è spazio per l'impunità. Si dovrebbe fare giustizia per le vittime e i criminali devono ricevere una pena pari al valore degli orribili crimini che hanno commesso.

La punizione dovrebbe essere grossolana quanto il crimine: l'esecuzione è ciò che questa banda criminale merita perché il loro inganno non ha limiti e i loro crimini non hanno limiti. Hanno distrutto migliaia di famiglie; molte persone sono morte a causa loro, e molte persone innocenti si sono suicidate a causa loro, inoltre molti bambini sono vissuti orfani a causa loro e sono diventati dipendenti dalla droga a causa loro.

Loro e i loro compagni sono ancora assorbiti dalla predazione senza paura. Stanno ancora scatenando la realizzazione dei loro desideri personali senza alcuna punizione. Per loro, rapire i bambini è una miniera a tempo indeterminato che dovrebbe essere prosciugata in sicurezza, vista l'esistenza della garanzia di impunità.

Un mondo in cui l'interesse pubblico e l'interesse nazionale non esistono. Il potere si è trasformato in un abuso costante e in una pratica permanente di sfruttamento dell'influenza.

Loro e i loro compagni sono ancora assorbiti dalla predazione senza paura. Stanno ancora scatenando la realizzazione dei loro desideri personali senza alcuna punizione. Per loro, rapire i bambini è una miniera a tempo indeterminato che dovrebbe essere prosciugata in sicurezza, vista l'esistenza della garanzia di impunità. Un mondo in cui l'interesse pubblico e l'interesse nazionale non esistono. Il potere si è trasformato in un abuso costante e in una pratica permanente di sfruttamento dell'influenza.

Coloro che sono coinvolti nella falsificazione e abuso violano la legge e devono affrontare il processo, sfortunatamente, questo non è mai successo.
In una delle udienze, l'ex dirigente dei servizi sociali, Federica Anghinolfi, ha chiesto di tornare al suo precedente lavoro, senza alcuna timidezza o imbarazzo.

Ciò indica la indulgenza dei giudici da un lato e la sottovalutazione delle pratiche criminali pericolose che mettono in atto dall'altro.

Questi atti atroci sono aggressivi contro gli individui e la società. L'impunità è diventata un'epidemia in peggioramento a causa della diffusione della cultura dell'esenzione e del perdono per colleghi e amici. Ciò può esacerbare la vulnerabilità delle famiglie agli abusi disumani, nonché all'aggressione e allo stupro dei loro figli.
D'altra parte, i bambini non sono protetti quando subiscono il peggior abuso possibile nelle famiglie affidatarie e negli istituti affidatari. Ancora peggio, diversi bambini sono stati adottati in sexy shop, famiglie che soffrono di gravi problemi di salute mentale e persone tossicodipendenti.

I giudici sono responsabili dell'audizione dei casi giudiziari e del servizio nel migliore interesse delle vittime e delle comunità. I giudici sono tenuti a standard legali ed etici elevati e devono trattare tutte le persone nelle loro aule di tribunale con equità e imparzialità.

I giudici, che mostrano favoritismi in tribunale o commettono errori giudiziari che creano risultati iniqui, devono affrontare delle conseguenze. I giudici devono evitare anche l'apparenza di favoritismi, in modo che i tribunali rimangano sedi di giustizia rispettate e affidabili.
Come possiamo sbarazzarci della tirannia se non perseguiamo questi funzionari criminali?

Attraverso la nostra conoscenza del dovere, del ruolo e della responsabilità del giudice nei confronti dei cittadini senza perseguire le azioni, la tirannia tornerà a un nuovo aspetto e una nuova forma e porterà con sé ciò che resta degli innocenti.

Italiani e stranieri stanno dichiarando violazioni dei diritti umani, così come i loro diritti civili, vengono spogliati e sottratti a loro e alle loro famiglie a causa di queste atrocità. Non essendo sensibile al pubblico, il governo viola la legge. Il governo locale deve essere sensibile al popolo. Questo silenzio è la violenza più profonda. Questo silenzio è inaccettabile!

Il governo deve cercare un rimedio alle ingiustizie di un sistema di protezione dell'infanzia dovute al modo in cui i genitori vengono controllati e valutati e al modo in cui vengono risolti gli incidenti.

La legge sulla conservazione della famiglia dovrebbe essere praticata. Il governo deve anche supervisionare il benessere dei bambini, monitorare il trattamento delle famiglie da parte dei servizi di protezione dell'infanzia e la legislazione, che rende più difficile la cessazione dei diritti dei genitori. I genitori dovrebbero essere autorizzati a presentare una petizione per il ricongiungimento familiare quando le loro difficoltà sono state superate.

I tribunali per i minorenni ei servizi sociali devono essere controllati. I giudici hanno un enorme potere di decidere il destino delle persone e il futuro dei loro figli. Proprio per questo devono assumersi una grande responsabilità tanto importante quanto questo compito. non sono autorizzati ad accettare scuse, clemenza, negligenza dagli assistenti sociali o concedere loro alcun mandato vuoto.

Se viene rilevata una collusione tra giudice e servizi sociali che esprima un senso di interessi comuni, le autorità competenti devono intervenire con urgenza. E il ministro deve intervenire per promuovere una valutazione esterna dell'ambiente per spezzare la complicità e ristabilire l'equilibrio. Molti giudici hanno distrutto la vita di intere famiglie e non hanno preso alcuna conseguenza per i loro errori.

Immagina una società in cui prospera il rapimento di bambini, e senza alcun metodo di deterrenza e controllo, la vita di una tale società sarebbe un inferno in cui nessuno sarebbe al sicuro per i propri figli e per se stessi. Di conseguenza, una tale società perderebbe la sicurezza sociale e la stabilità, e tutti userebbero i metodi protettivi che potrebbero proteggere loro e le loro famiglie. Quindi, nessuno si rivolgerebbe a queste istituzioni anche se avrebbero ancora problemi in cui i bambini potrebbero essere gravemente colpiti.

Assolutamente, questi problemi avrebbero potuto essere evitati se queste istituzioni fossero state sicure e veramente al servizio dei cittadini. Ma si trasformano in organizzazioni criminali che intendono fare fortuna illegale nel modo più breve. Rubano bambini e rubano anche denaro pubblico. Tutti i cittadini dovrebbero combattere contro questa frode e inganno.

Punizione degli innocenti

Violazioni flagranti dei tribunali penali italiani che bollano ingiustamente migliaia di genitori amorevoli come criminali, come è successo nel mio caso che offre una visione particolarmente illuminante di un sistema di giustizia penale che oggi imprigiona molti genitori innocenti. Sono stati etichettati come nemici solo perché combattono contro il rapimento illegale e il sistema di adozione. Molti giudici dei tribunali penali hanno portato la vergogna e il dolore di estranei alla loro comunità.

I genitori ingiustamente accusati vengono maltrattati e manipolati da giudici corrotti per garantire che le accuse contro di loro siano inevitabili e che il giusto processo non venga eseguito. La Costituzione italiana non è nell'agenda di queste istituzioni di governo. Di conseguenza, cittadini e stranieri sono abusati di questi poteri.

Molti genitori sono stati condannati a diversi anni di reclusione senza alcun reato commesso da loro. Ancora peggio, i bambini vengono portati a testimoniare falsamente contro i loro genitori dopo che hanno subito il lavaggio del cervello facendogli credere di essere stati maltrattati da loro.

Questi mali demoniaci illimitati e le incredibili violazioni dei diritti umani internazionali interpretano la disuguaglianza e l'ingiustizia nei tribunali italiani. I giudici esaminano i casi in pochi minuti e quasi tutti si dichiarano colpevoli.

La sentenza alla cieca inizia a punire le persone molto prima che vengano condannate; punisce gli innocenti e punisce una condotta che non avrebbe mai dovuto essere un crimine. Le cose peggiorano quando il tribunale non sostiene esplicitamente che l'imputato ha prove significative di innocenza.

Di conseguenza, un gran numero di queste persone sono buoni genitori che amano i loro figli e non hanno mai abusato di loro: sono stigmatizzati come criminali, impoveriti a causa di multe e tasse, privati del lavoro e privati dei loro figli per sempre.

Quando i genitori falsamente accusati si lamentano di queste bugie, le loro lamentele vengono ignorate e non vengono mai prese in considerazione. Quindi è difficile da dimostrare queste bugie di assistenti sociali e psicologi. I giudici teatrali corrotti condannano i genitori utilizzando gli standard più bassi di prove giudiziarie. Un'indagine diligente, prudente o ragionevole da parte dei tribunali penali è assolutamente assente, perché le masse non lo sanno e si fidano del sistema che deve essere compreso. I processi giudiziari familiari sono pieni di inganni per i falsamente accusati.

Diversi genitori sono stati incarcerati per aver aggredito i loro figli, sulla base di false notizie che sono state successivamente ritenute infondate. Anche la mia sofferenza per il giudizio ingiusto continua da molti anni. La possibilità di casi di detenzione illecita ha dimostrato l'inaffidabilità del sistema di giustizia penale.

A causa di molti fatti come: Psichiatria difettosa, falsificazione di documenti, false accuse, manipolazione delle parole dei bambini per ammettere che sono stati maltrattati, pratiche tecniche di interrogatorio dure.

Oltre agli abusi fisici e mentali, i bambini subiscono il lavaggio del cervello e vengono interrogati da psicologi, psichiatri, assistenti sociali ed educatori, in molte e molte occasioni. Queste false confessioni costrette da queste pratiche di tortura hanno portato a diverse condanne di molti innocenti.

In effetti, i giudici non indagano sui dei casi solo perché appartengono ai servizi sociali che alimentano questi giudici. Tutti i giusti processi, i diritti costituzionali ei diritti umani sono violati e manipolati da cattivi giudici di corte.

Le questioni sono giudicate e decise da responsabili, insindacabili in tribunale e applicate da servizi sociali altrettanto irresponsabili e insindacabili. Il risultato è totale raggiro e corruzione. Le decisioni giudiziarie violano la fiducia pubblica.

Per qualche strana ragione, nella maggior parte dei casi i genitori che maltrattano i propri figli vengono ignorati dal tribunale e riescono a sfuggire alla punizione. È a beneficio dei giudici per i minorenni utilizzare gli atti dei cattivi genitori come giustificazione per rapire i bambini. Ciò è stato dimostrato in molti casi ed è stato illustrato da molti avvocati, uno di loro ha descritto una delle sue esperienze pratiche dicendo:

"La madre presentata alla corte ha gradualmente raccolto prove o indicazioni degli abusi sessuali da parte del padre sulla ragazza, e la corte in un primo momento ha fatto

orecchie da mercante; poi, di fronte alle nuove prove presentate dalla madre, qualche giudice le ha detto di smettere di raccoglierle e di non sporgere denuncia, perché se avesse continuato, il tribunale avrebbe preso in considerazione l'ipotesi di affidare il bambino a un istituto affidatario o presso il padre stesso. Incredibile, ma vero"

Al contrario, molti giudici penali emettono sentenze basate su false segnalazioni e false valutazioni da parte di assistenti sociali e psichiatri, come è successo nel mio caso. Non forniscono giustizia e non servono l'ordine pubblico.

Senza guardare le prove, senza indagare e senza distinguere tra verità e falsità, i giudici contribuiscono allo sfollamento dei bambini, il futuro della nazione. Contribuiscono alla dispersione delle famiglie e all'uccisione di innocenti.

I giudici che hanno rapito le mie bambine e mi hanno accusato ingiustamente, avrebbero potuto portarmi al suicidio come tante vittime, ma per le mie figlie ho resistito.

O giudici, mi fate perdere il senso del mio valore e della mia dignità a causa di questa oppressione e umiliazione! Mi fai sentire che il mio essere è perso e la mia maternità è schiacciata! Sono stata tenuta in ostaggio per tutto il tempo in una prigione permanente dentro di me! Hai deluso me e la mia famiglia e hai ucciso tutte le speranze dentro di noi! Il tuo accoltellamento alle mie figlie e il tuo giudizio inaspettato sono una grande calamità!

"L'imputato non è considerato colpevole sino alla condanna definitiva." Così si esprime la Costituzione italiana all'articolo 27, affermando un principio apparentemente garante nei confronti dell'imputato. Eppure, in quel "non è considerato colpevole", c'è qualcosa che non convince. Se un imputato non viene ritenuto colpevole, almeno fino alla sentenza definitiva, cosa si considera allora? Perché definire uno status giuridico in negativo invece di affermare chiaramente che l'imputato è

da considerarsi innocente fino all'ultima sentenza di condanna?

È come se la formula adottata dall'Assemblea Costituente lasci un margine di incertezza e di incomprensione, confinando l'imputato in un limbo, nemmeno di breve durata se si considera la durata dei processi. Pertanto, l'imputato è detenuto dal verdetto iniziale prima che sia accertata la sua innocenza, e per quanto tempo arrivi il verdetto finale, rimane incarcerato per tutto il periodo anche se innocente.

Esiste il diritto di essere considerati innocenti fino a prova contraria. Dal momento che il lessico ha la sua importanza. L'imputato è innocente fino a prova contraria, punto e basta. Dovrebbe essere un principio di civiltà giuridica elementare, ma non lo è. Non è ancora in Italia. Inoltre, occorre accelerare le procedure per i cittadini vittime. Perché anche quando viene riconosciuta l'innocenza di un genitore, i tempi di gestione degli errori sono molto lunghi.

CAPITOLO DODICI

IL RUOLO NEGLIGENTE DEL GOVERNO

Sebbene i diritti dei bambini siano sanciti dalla costituzione italiana e dalle istituzioni internazionali, vengono sistematicamente violati. E sebbene ci siano leggi e regolamenti sulla doppia genitorialità che consentono ai bambini di vivere in armonia con entrambi i genitori, sono privati dei loro diritti; solo per continuare a essere picchiato e ferito dalla tirannia di questi tribunali, finanziata dal governo locale.

Giudici, assistenti sociali, educatori, psicologi e psichiatri che tradiscono i genitori con il pretesto della protezione dei bambini; rubare i loro figli, rapirli e scacciarli dal loro ambiente naturale e armonioso e dalle loro famiglie.

Sulla carta sin dagli anni '70 le istituzioni di affidamento, le cooperative e le fondazioni sono state l'inferno sulla terra per i bambini che sono stati consegnati a questa struttura per decenni e sistematicamente violentati senza il controllo del governo.

Il tasso di criminalità per la protezione dell'infanzia ha segnato l'aumento nel paese, da quel momento in poi un piccolo e influente gruppo di riformatori ha deciso che è giunto il momento di segnalare la minaccia. Lo stanno facendo bene e insieme, ma hanno affrontato la paura e la malizia da parte dei "super-predatori."

Sorprendentemente, questa è la cosiddetta organizzazione criminale organizzata non sono persone lontane dalla legge, ma sono responsabili della protezione dei minori come giudici minorili e assistenti sociali. e il governo non intende prendere decisioni rigorose. Continua così il tiranno delle leggi sul sequestro di bambini e sulla tratta, che dimostra l'inadeguatezza del sistema di giustizia minorile. Dire che queste decisioni sono prepotenti sarebbe sensato.

È un laboratorio sperimentale di abusi tutelato dalla classe politica, una giurisdizione particolare, con la tacita complicità di medici e assistenti sociali, cancro del sistema di potere.

Scoperte note, recenti e crescenti hanno svelato la realtà della magistratura che, per mito e mistero, è semplicemente la stessa degli altri poteri, politico, burocratico e amministrativo, ed è parte organica del suo sistema.

Il governo è un grande sostenitore dell'industria dell'affido

Il governo italiano ha coltivato, nutrito e protetto i mercati delle adozioni per molti decenni. I sistemi legali sono corrotti da ulteriori attività del governo contro la famiglia. Il governo è diventato un grande sostenitore dell'industria dell'affido e dell'adozione; un sistema in cui gli orfani vengono creati per i fondi del governo.

Questo sistema è una rettificatrice per la società. E la scia di miseria che lascia dietro di sé, non dovrebbe essere tollerata da nessun essere umano decente, né da nessuna società decente.

La magistratura italiana è consapevole di queste situazioni in cui i bambini soffrono e li inganna per sfruttarli di più e meglio. La storia del governo italiano deve ancora rendere giustizia all'infanzia rubata; i diritti sono dimenticati, fuorviati, persi, spazzati sotto il tappeto come polvere.

Il sistema giudiziario sordo, muto e cieco adotta una psichiatria folle basata su violenza, bullismo, molestie, abusi e stupri. In breve, è una sofferenza infinita.

In questo modo i bambini diventano oggetti essenziali e indispensabili per sfamare e garantire un business corrotto. Lo Stato finanzia l'affido e l'adozione. Ma l'affidamento e l'adozione sono GRANDI AFFARI e GRANDI DISTRUTTURE per i membri della comunità. Ottengono illegalmente miliardi di euro ogni anno, ei loro “merci” sono bambini che in molti casi avrebbero dovuto essere lasciati nelle loro case.

Tutti inseguono questo denaro pubblico, ma il denaro pubblico non dovrebbe essere speso per rendere i nostri figli una merce. Ci sono migliaia di bambini che sono stati strappati dalle loro case tutto a causa dei soldi. I bambini non sono strumenti, oggetti o cose, ma titolari di diritti. In ogni società, rappresentano l'innocenza e il futuro. Questa predazione chiusa in se stessa tradisce uno strano tipo di cecità. L'attuale sistema in cui il denaro pubblico è legato all'affido e all'adozione rende i nostri figli una merce da vendere. Se si spendono fondi pubblici, la terminologia deve essere chiara e precisa.

È nelle mani di comitati aziendali operanti nell'illegittimità, che gestiscono i concorsi per magistrati, le carriere dei magistrati, l'assegnazione di incarichi importanti, la persecuzione dei magistrati che non si piegano al sistema, la tutela di chi lo serve, il facilitazione del mercato delle sentenze dei tribunali perché, in un mondo dove tutto sta diventando merce, anche le persone, le sentenze sono anche merce. Le tasche della tirannia stanno andando incontrollate senza ricorso.

Dallo scandalo "Angelo e Demone" e dai precedenti dossier si è aperto nei tribunali per i minorenni il capitolo della giustizia che si occupa dei minori. È noto che attualmente si registra un giro d'affari di circa 5 miliardi all'anno per il collocamento di minori in enti privati che realizzano profitti con i propri soci o collaboratori, come magistrati per i minorenni, magistrati e professionisti che affidano i minori a tali enti privati, e le cui tariffe a volte superano i 400 euro al giorno. Le statistiche mostrano che ora ci sono circa 500.000 bambini che sono stati allontanati dai loro genitori.

L'espulsione forzata e gli interventi che vengono effettuati contro la volontà dei genitori duramente la legge che è stata attuata senza tener conto del dolore personale dei figli è un espediente che si è limitato a soddisfare i bisogni materiali ignorando i bisogni più profondi.

Con false accuse, grandi crimini commessi

Con false accuse e giustificazioni nascoste come l'incompetenza e l'inadeguatezza dei genitori, grandi crimini umani vengono commessi per distruggere la famiglia, spina dorsale della società.

Il governo locale non risponde alle persone nonostante queste violazioni. Gli assistenti sociali non sono ritenuti responsabili e non è un reato quando travisano le prove. Non hanno controllo, responsabilità e conseguenze. La mancata considerazione di ciò rende tutti corresponsabili del degrado di massa della civiltà umana.

La violenza sui bambini è l'emblema di una convivenza civile in deterioramento, di una civiltà morente che ha perso i valori necessari alla sua sopravvivenza.

L'infanzia è rubata a molti bambini. A noi genitori non è mai stato permesso di contattarli di nuovo. Sono minacciati e costretti a dichiarare la menzogna a danno del genitore. Questo è il processo dopo il "rapimento legale" per venderlo in uno schema di adozione.

I servizi sociali per l'infanzia ei tribunali per i minorenni rubano i nostri figli e il denaro pubblico. I bambini vengono strappati alle loro amorevoli famiglie. dai servizi sociali e dai tribunali per i minorenni; senza motivo probabile e dove non vi è pericolo imminente.

I nostri figli vengono affidati a pedofili, stupratori, tossicodipendenti, coloro che hanno precedenti di aggressioni, e vengono quindi posti in adozione a estranei, evitando i familiari per un possibile collocamento.

I servizi di protezione dell'infanzia si rivolgono anche alle neo mamme che sono ricoverate in ospedale per partorire i loro bambini. Strappano questi neonati direttamente dal seno della madre con l'aiuto dei medici.

Medici e infermieri trattengono le giovani madri in ospedale finché non arrivano gli assistenti sociali che portano via i loro bambini dove non ci sono abusi, dipendenze da droghe, abbandono, ecc...

Il sistema di protezione dell'infanzia consente agli assistenti sociali di prendere legalmente un bambino con la forza dalla madre alla nascita. Spesso sulla base del fatto che il bambino potrebbe subire abusi emotivi in futuro.

Giudici, assistenti sociali, medici, infermieri, psicologi, insegnanti, aziende farmaceutiche si correlano per strappare i bambini dalle loro bio-famiglie con ogni mezzo necessario, al fine di ottenere questo denaro federale.

Ai genitori e ai familiari allargati non viene concesso un giusto processo, costituzionali, civili, disabili o diritti umani fondamentali in questo sistema corrotto. Non viene loro dato un consiglio adeguato, ragionevole opportunità di riunificazione. Vengono inoltre sistematicamente negati i loro diritti civili, costituzionali e umani per "sentito dire" e testimonianze fraudolente di funzionari pubblici a livello nazionale.

Né i giudici né gli ufficiali del tribunale rispettano i diritti civili/costituzionali dei genitori. Questi diritti sono palesemente ignorati e negati sia dai funzionari del tribunale, sia dai dipendenti del governo locale e statale, tenuti a sostenere la Costituzione italiana.

I problemi di benessere dei bambini e le violazioni dei diritti umani stanno avendo un impatto sui bambini e sulle famiglie a livello nazionale. Le famiglie subiscono abusi da parte di assistenti sociali e tribunali per i minorenni in tutta Italia. I diritti civili delle famiglie vengono violati attraverso i procedimenti giudiziari della famiglia, così come tutti i diritti processuali e costituzionali sono violati e manipolati dai giudici dei tribunali della famiglia, dai procuratori distrettuali, dai Commissari dei servizi sociali e dagli assistenti sociali.

Migliaia di famiglie hanno prove e prove che hanno subito un torto da queste istituzioni e hanno segnalato questi problemi. Molte di queste denunce sono state respinte.

Il dramma aggiuntivo di questi bambini è che non vengono ascoltati mentre la loro voce dovrebbe avere un ruolo fondamentale nelle decisioni che li riguardano, secondo la legge. Le loro voci rimangono impercettibili e questa è la direzione delle istituzioni in cui sono accolti, dove la realizzazione psicologica è l'ultimo dei loro obiettivi per il bambino.

Questi bambini si stancano presto di lamentarsi perché considerano gli adulti del tutto incapaci di capire e di agire a loro favore. Si sentono schiacciati in una presa soffocante e non vedono l'ora di uscire dall'età adulta.

Ma anche questa è un'opzione difficile da affrontare con la loro esperienza di abbandono, crudeltà e perdita di significato che accompagna le loro anime spezzate e la loro sottomissione a nuovi pericoli e nuove manipolazioni.

Ci sono state sorprendentemente poche ricerche sugli effetti a lungo termine dell'affidamento, ma la ricerca che è stata condotta conclude che i bambini che passano attraverso il sistema di affidamento subiscono un enorme danno emotivo e hanno tre volte più probabilità di sperimentare cattivi risultati.

Molti di loro vengono dati a famiglie affidatarie inadatte e a orribili istituti di affidamento minori, e una "cattiva casa" è spesso migliore di "cattivi risultati" che includono la gravidanza adolescenziale, la scuola superiore non in competizione, l'incarcerazione, l'abuso di sostanze e i senzatetto. Hanno cinque volte più probabilità di suicidarsi e otto volte più probabilità di avere gravi disturbi psichiatrici.

L'adozione lascia il bambino con più traumi e ancora più triste. A molti bambini viene detto che sono stati allontanati da genitori violenti e adottati per essere protetti. Tuttavia, molti ex bambini adottati sono infelici e scappati da enormi problemi, mentre sentono di non avere futuro, famiglie e parenti.

Sono stanchi di essere arrabbiati, vergognosi, soli e scelgono di percorrere un nuovo sentiero, condividendo la loro esperienza, forza e speranza mentre costruiscono un ponte verso una nuova vita e guarigione. Si tratta, purtroppo, di un sogno difficile da realizzare senza una solida preparazione professionale, senza autonomia economica, e soprattutto con la fragile personalità di chi è amaramente deluso e frustrato.

Rapire minori, cancellare le loro identità e scambiarli diventa un processo che umilia e schiaccia migliaia di bambini in tutta Italia. L'identità e la narrativa che vengono loro imposte sono disfattiste e portano al disprezzo di sé. L'identità è un'idea intrinseca della propria vita e la sua lotta spesso accade, ma questo processo può essere più difficile per gli adottati.

Molte persone sperimentano un senso di alienazione e un senso di perdita nei confronti dei loro genitori biologici che possono creare notevole confusione e una crisi di identità adottiva, che a volte possono contribuire a sentimenti di ansia, depressione o bassa autostima.

Lo scopo del sistema di affidamento è quello di fornire un rifugio sicuro ai bambini, aiutandoli ad attraversare il ponte dall'affidamento all'invecchiamento, ma purtroppo il ponte non porta da nessuna parte.

La riforma del welfare ha gettato più bambini nella povertà e ha aumentato le loro possibilità di essere collocati in affido. Questo duro trattamento dei giovani delinquenti si traduce in un aumento della carcerazione dei bambini.

Tutto questo distrugge completamente le famiglie. Le autorità di protezione dell'infanzia stanno prendendo in custodia i bambini a ritmi allarmanti e, così facendo, stanno smantellando i social network che sono fondamentali per il benessere della comunità.

La vita, la salute e il benessere dei nostri figli sono in chiaro e presente pericolo fintanto che il dipartimento dei servizi per l'infanzia e la famiglia ha il potere di rimuoverli dalle nostre cure senza motivo, senza mandato o giustificazione.

Poiché i dipendenti del servizio pubblico in tutti i settori del governo continuano a non rispettare la legge o proteggere coloro che sono stati selezionati per servire e proteggere ai sensi della Costituzione italiana.

La magistratura italiana è consapevole di queste situazioni in cui soffrono i bambini, illudendola di sfruttarla di più e meglio. I casi più notevoli spesso salgono al livello della cronaca e occupano le prime pagine dei giornali per alcuni giorni finché lo scandalo non si placa e la situazione torna all'occultamento della propria identità.

È tempo che lo stato aggiusti la corruzione all'interno del sistema. Giustizia e verità devono emergere. Le iniziative dei cittadini devono intensificarsi senza bandiere associative, politiche o confessionali. A commuoverli è la coscienza civica, il desiderio di solidarietà con le famiglie ei bambini colpiti dagli abusi. Il silenzio e la complicità di chi ha governato il Paese sono gravissimi.

Vergognoso il silenzio di coloro che si professano di sinistra, "campioni della giustizia sociale". Un Paese che non può proteggere i bambini è un Paese incivile, disabile e arretrato. A causa del profondo silenzio del governo, un numero enorme di bambini muore molte volte ma è ancora vivo.

La preoccupazione di aumentare il livello di assistenza all'infanzia, questioni familiari, bisogni e problemi in quanto la famiglia è la cellula della società. E l'infanzia è al centro dello sviluppo sociale nel suo concetto globale.

Non solo perché i bambini sono uomini e donne del futuro, e la base per la rinascita e il progresso delle nazioni. Non così perché sono i più vulnerabili e bisognosi di cure. L'interesse per i bambini risale principalmente all'essere (umano); hanno diritti fondamentali che devono essere garantiti dallo stato, non importa quanto sia ricco o povero.

Il processo di attenzione alla situazione dei bambini e ai loro diritti non può essere separato dal processo di attenzione alle questioni relative ai diritti umani.

La storia dell'infanzia in Italia è una storia che parla del fallimento del governo, della mancanza di coraggio e dell'abbandono passivo dei bambini.

Occorre riformare un sistema che non funziona più; I servizi di protezione dell'infanzia sono stati dominati da così tante persone dalla mente sbagliata e il denaro pubblico arriva a finanziarli.

Si sono illusi di pensare di fare bene o c'è un'agenda politica del Nuovo Mondo che li guida?

Perché i pubblici ministeri sono d'accordo con loro? Perché i dipartimenti di polizia effettuano arresti sulla base di poche o nessuna prova?

Perché i riverberi di adozione corrotta continuano nonostante gli scandali?

La corruzione è il problema più grande dei servizi di protezione dell'infanzia. Non la povertà dei genitori. Non abusi da parte dei genitori. Non l'incompetenza dei genitori. Gli assistenti sociali, partendo dal presupposto che stiano facendo il "bene pubblico" proteggendo i bambini e assistendo le famiglie, possono rimuovere con la forza i bambini senza dare motivo o motivo.

Perché i riverberi di adozione corrotta continuano nonostante gli scandali?

La corruzione è il problema più grande dei servizi di protezione dell'infanzia. Non la povertà dei genitori. Non abusi da parte dei genitori. Non l'incompetenza dei genitori. Gli assistenti sociali, partendo dal presupposto che stiano facendo il "bene pubblico" proteggendo i bambini e assistendo le famiglie, possono rimuovere con la forza i bambini senza dare motivo o motivo.

È necessario un approccio olistico per combattere la corruzione sistematica che abbonda nei servizi di protezione dell'infanzia da molti anni. La risposta immediata del governo e le azioni proposte sono troppo modeste.

Sono necessarie riforme approfondite per garantire il futuro libero dalla corruzione che le persone chiedono.

La soluzione dovrebbe essere partecipativa e il governo dovrebbe impegnarsi con la società civile e i cittadini al fine di apportare cambiamenti duraturi e ricostruire la fiducia all'interno di un nuovo sistema di protezione dell'infanzia.

La portata dell'affidamento illegale e della sfida dell'adozione richiede una riforma sistematica e globale che non lasci spazio ai vecchi schemi e agli attori per mantenere il controllo su un'attività corrotta. Non sono state attuate le rigorose riforme anticorruzione necessarie.

Le proteste che stiamo vedendo in tutta Italia sono tutte il risultato di governi che non soddisfano le richieste dei loro cittadini. Il governo deve agire ora per fermare queste pratiche raccapricciant una volta per tutte.

FERMATE il finanziamento federale ai servizi di protezione dell'infanzia - per rapire i nostri bambini!

SMETTETE di sostenere questa chiara appropriazione indebita di finanziamenti e abuso di autorità da parte di funzionari delle istituzioni governative, sta accadendo sul suolo italiano ed è orchestrata dal proprio governo, in particolare dai servizi sociali per l'infanzia, dai tribunali per i minorenni e dai tribunali per la famiglia in ogni città d'Italia.

CAPITOLO TREDICI

IL SISTEMA CORROTTO NON DURA PER SEMPRE

A coloro che ancora mi combattono per il mio sangue e la mia carne!
A coloro che ancora mi combattono per le mie figlie, il nucleo del mio cuore!
A chi calpesta la dignità dei nostri figli e la dignità della nostra maternità!
chi siete e qual è il potere sulla terra che vi permette di distruggere la vita di cittadini e immigrati?!
Non c'è nessuna forza o tribunale per i diritti umani che possa fermarti?
Dove avete preso questo potere che usate per demolire l'umanità?!
Dove avete preso questi cuori morti che gettano bambini e genitori sotto i vostri desideri?!
Dove avete preso queste coscienze che hanno giurato di non tradire, e per tradimento sono i corridori?!

La vostra crudeltà ha portato al suicidio di molti, all'incarcerazione di migliaia di persone e alla morte di altri per crepacuore. Questa è una risorsa per voi come credete. Perché volete sbarazzarvi di coloro che vi ostacolano.
Come può la felicità dei vostri cuori essere a scapito della tristezza degli altri?

Come volete che i vostri figli siano felici a spese della profonda tristezza degli altri bambini, i cui cuori sono puri esattamente come il cuore dei tuoi figli?
Come potete costruire il futuro dei vostri figli a costo di schiacciare questi innocenti?

La felicità che state cercando in questo modo è una felicità falsa, costruita su guadagni ingiusti e sfruttatori della pele dei bambini e fiumi di lacrime dei genitori: "Se condannerai, sarai condannato e domani riceverai le ricompense"
Perché quando dormite, gli occhi degli oppressi non riescono a dormire. Alzano le loro lamentele e le loro preghiere al cielo. Sono certi che se la giustizia della terra fallisce, la giustizia del cielo non fallirà, anche se questa giustizia verrà ritardata, ma si realizzerà.

Non ditemi che sono le leggi della terra che governano sempre, come ho sentito da alcuni di voi. Non ditemi che siete la più forte perché il potere è nelle vostre mani, come mi ha detto una volta il giudice Francesca Salvatore: "Noi siamo più forti di voi signora, dovete essere più forti di noi per riavere le vostre figlie"- Sembra incredibile ma è vero!

Il Signore del mondo è più forte di te e di tutte le creature. Egli è certamente con gli oppressi ei pazienti, e promette loro la vittoria. Anche se vi sembra che i demoni all'inizio abbiano vinto, ma saranno sconfitti definitivamente perché 'le trame di Satana sono sempre deboli'.

Le vostre azioni malvagie vi seguiranno per il resto delle vostre vite, i vostri figli e la vostra prole. Sentirai amarezza e dolore e piangerai tanto quanto hai pianto tanto. Perché “Chi semina il male non raccoglierà che spine”.

Vivrete angoscia e dolore, e piangerete molto come avete fatto piangere tanti. Perché 'chi semina il male non raccoglierà altro che spine'. Molti despoti hanno travolto nel corso della storia, ma tutti sono stati condannati al fallimento.

Nessun sistema corrotto può durare per sempre. Queste atrocità saranno coloro smascherate e tutti che hanno partecipato al sistema saranno ritenuti responsabili, perché la menzogna non durerà per sempre. La sconfitta della verità è temporanea e la sua vittoria è eterna.

Coloro che ci ingannano pensano che dovrebbero assaporare il piacere della vittoria ottenuta attraverso la menzogna finché dura. Chi ha visto il futuro?
Chi vedrà comunque qualcosa?
"Lo dimenticheremo e così anche tutti gli altri", si dicono. Tuttavia, questo è un giudizio basato sulla falsità. Il futuro è l'ombra del presente. Il futuro non può essere creato senza il presente. Una persona sotto l'influenza della menzogna può rallegrarsi del momentaneo giubilo di aver acquisito ricchezza, fama o onore, ma un'anima simile non può provare la pace della mente o la serena soddisfazione che deriva da risultati incontaminati.

I vostri cuori sono pieni di avidità. Avete dei cuori di pietra, o peggio ancora di durezza; ci sono pietre da cui sgorgano fiumi, ma i vostri cuori da cui sgorgano mali.

Non c'è verità nelle vostre bocche, né si può fidare di una parola che parlate; le vostre lingue praticano menzogne e inganno. Le vostre mani non scrivono altro che falsificazione. La maggior parte dei genitori non scopre la tua realtà finché non è troppo tardi.

Il vostro lavoro reale sta servendo i cittadini o il profitto rapido e possedere il bene immobile sulle pelli dei deboli?. Non è una calunnia nelle istituzioni di servizio dei cittadini?. Non è una vergogna nei tribunali italiani?. A causa della tua malizia, le montagne possono essere rimosse, e i cuori possono essere frantumati.

La vostra malizia rende l'amato un nemico, il saggio un pazzo, e il caro servile.. La vostra malizia ha portato al fatto che i bambini, quando crescono, iniziano a prendere farmaci e soffrono di gravi malattie psicologiche che non possono essere curate.

Oh giudici, voi partecipate a tutto questo violando il diritto locale e internazionale. No state fornendo giustizia e non state servendo l'ordine pubblico. Senza un esame forte ed efficace delle prove e senza distinguire la verita dalla falsita, voi partecipate allo spostamento dei bambini, al futuro della nazione. state partecipando al deterioramento del paese, e state partecipando alla dispersione delle famiglie. e l'uccisione di innocenti.

Sapete che molti di coloro che sono ingiustamente imprigionati sono più onorevoli di coloro che li hanno accusati e di coloro che li hanno imprigionati?

Oh oppressori, non affligge il vostro cuore risvegliarsi dalle tenebre dell'oppressione?

Oh giudici ingiusti, quanti diritti avete privato, e quanti figli avete torturato, e quante madri e padri avete addolorato? Come possono i vostri cuori gioire a spese dei cuori feriti degli altri?

Il peggior tipo di ingiustizia si fa in nome di leggi ingiuste. Come le famiglie possono ridare fiducia a queste bestie che mangiano i bambini del mondo, distruggendo cittadini e immigrati.

Maledizione a tutti coloro che mi hanno privato delle mie figlie da 15 anni ormai. Per 15 anni non mi è stato permesso di fare telefonate, visite, lettere, assolutamente niente. Sono 15 anni di sorrisi persi, abbracci persi e tempo perso trascorso insieme come una famiglia. Non mi veniva detto dove fossero, così ogni notte andavo a dormire senza sapere dove fossero, il rapimento dele mie figlie è l'esperienza più traumatica della mia vita. Dire che ho passato dei momenti difficili è un eufemismo. La mia esperienza può essere descritta più accuratamente usando la frase "Ho vissuto l'inferno e ritorno!" Ho attraversato dolorose situazioni di ingiustizia da quando le mie figlie sono state rapite.

Inizialmente ho attraversato una serie di emozioni: shock,

incredulità, finalmente travolgente, frustrazione e disperazione per qualcosa di semplice come la normale disciplina materna. Trovo ancora difficile credere che mi sia successa una cosa del genere.

Solo negli ultimi anni ho saputo che la mia figlia più piccola è stata adottata dalla psicologa Valeria Donati, che falsamente mi ha accusato e ha venduto la mia figlia maggiore ad una coppia di conoscenti il cui cognome è Rossi. Tutti loro ancora impediscono alle mie figlie di chiamarmi denigrandomi di fronte a loro e di fare loro il lavaggio del cervello.

Questo è il modo in cui vivo senza un sogno; vivo senza i miei desideri. Nonostante questo vivo sui resti della speranza di riavere le mie figlie.
Disperdetemi oh attesa! Disperdetemi oh dolore!
Ma sono certa che le mie figlie torneranno da me. Centinaia di gocce di rugiada per salutare l'alba, centinaia di api in gigli di trifoglio viola, e centinaia di farfalle in giardino, ma c'è una sola MADRE per ogni essere umano, e non possono essere due!

Volete uccidere l'amore e la maternità, ma la maternità è il cuore della libertà, e non c'è potere sulla terra che possa afferrarla. La maternità è il sole che illumina la vita umana, e che può impedire al sole di sorgere!

Vi sconfiggeremo, criminali!
Non siete in grado di spegnere la luce della vita in noi.
Vi sconfiggeremo con la tenerezza delle madri.. Vi sconfiggeremo con la clemenza dei padri.
Vi sconfiggeremo con l'innocenza dei nostri figli.
Non dimenticheremo i vostri mali.

Voi, che avete rubato la gioia agli occhi dei nostri figli, non vi perdoneremo!
Noi siamo l'amore e la pace, e voi siete l'odio e la cattiveria!
Noi siamo il calore e la sicurezza, e voi siete la paura e il freddo!
Noi siamo la speranza e la luce, e voi siete la disperazione e l'oscurità!
Noi siamo la gioia e la felicità, e voi siete la preoccupazione e il dolore!

I bambini meritano di meglio, e le famiglie meritano di meglio. Noi, il Popolo, abbiamo un ardente desiderio di giustizia. Stiamo venendo insieme per opporci a questo regime tirannico.

Ci auguriamo che leggendo questo, affronterai questi problemi e ci aiuti a ottenere giustizia per ogni famiglia e bambino che sono ingiustamente vittime del sistema corrotto. Se non lo fai, allora anche tu sei parte del problema e altrettanto colpevole e sarai ritenuto responsabile dal popolo e dal Tribunale per i diritti umani. Non Dimentichiamo! Non Perdoneremo!

CIRCA L'AUTORE

Mina Ghiate, originaria del Marocco, è l'autrice della sua vera storia di sedici anni di esperienza con il sistema giudiziario italiano che ha rubato le sue due figlie e l'ha accusato ingiustamente.

Mina si è laureata in Letteratura Inglese nel 1996, Università delle Arti e delle Scienze Umane a Casablanca.

Ha scritto il suo primo libro *The Legal Mafia* in inglese e lo ha tradotto in italiano. Il suo libro è una voce per coloro che difendono i diritti umani in buona fede, e coloro che vogliono fermare i crimini contro l'umanità.

Made in the USA
Monee, IL
04 November 2026

67378650R00075